青春美文精品集萃丛书
回忆长廊系列

回忆是 带着希望的 纸鹤

《语文报》编写组 选编

时代文艺出版社

图书在版编目（CIP）数据

回忆是带着希望的纸鹤／《语文报》编写组选编.
-- 长春：时代文艺出版社，2021.6
（青春美文精品集萃丛书. 回忆长廊系列）
ISBN 978-7-5387-6753-7

Ⅰ.①回… Ⅱ.①语… Ⅲ.①作文－中小学－选集
Ⅳ.①H194.5

中国版本图书馆CIP数据核字(2021)第099044号

回忆是带着希望的纸鹤
HUIYI SHI DAIZHE XIWANG DE ZHIHE

《语文报》编写组　选编

出 品 人：陈　琛
责任编辑：孟宇婷
装帧设计：陈　阳
排版制作：隋淑凤

出版发行：时代文艺出版社
地　　址：长春市福祉大路5788号　龙腾国际大厦A座15层　（130118）
电　　话：0431-81629751（总编办）　0431-81629755（发行部）
网　　址：weibo.com/tlapress（官方微博）　sdwycbsgf.tmall.com（天猫旗舰店）
开　　本：880mm×1230mm　1/32
字　　数：135千字
印　　张：7
印　　刷：三河市嵩川印刷有限公司
版　　次：2021年6月第1版
印　　次：2021年6月第1次印刷
定　　价：36.00元

图书如有印装错误　请寄回印厂调换

编 委 会

Contents
目 录

海上夜色

爷爷家的年味浓

偷梦的精灵

回忆是带着希望的纸鹤

无眉大侠的前世今生

海上夜色

细菌对抗赛

武思齐

细菌太小了，看不见，也摸不着，人体的各部分都有细菌。当然，大部分细菌是无害的，少部分是有害的，而且只有一个名字——病原菌，它们不服无害细菌，准备发动进攻。

病原菌们浩浩荡荡进入了人体，不料，正巧进入了免疫系统的工作区域。巨噬细胞发现了它们，"哗"的一声，它同时伸出了许多"触手"，病原菌们一见，军心大乱，四散逃命，可巨噬细胞"触手"长，一手抓一个，被抓住的病原菌就被巨噬细胞吃掉了。

其他病原菌一见不妙，跑得更快了，迎面又碰上了赶来帮忙的淋巴细胞和白细胞。一个病原菌向白细胞挑战，白细胞也有许多"触手"，它们扭打在了一起，白细胞的"触手"紧紧地抓住了病原菌，淋巴细胞朝那个不幸的病原菌喷了不计其数的"抗体","抗体"扎进了病原菌的身体里，病原菌已经受不了了，再加上白细胞一个劲儿地拳打脚踢，它不到一分钟就被消灭了。

巨噬细胞、白细胞、淋巴细胞组成了两道坚不可摧的防线，巨噬细胞为先锋，淋巴细胞和白细胞为后盾，杀得病原菌大军丢盔弃甲，无一生还，它们这才罢休。

这时，从前后两头各杀来几十万病原菌，白细胞和淋巴细胞对付不过来时，两边忽然来了许多大肠杆菌，身后还有链球菌、乳酸杆菌、醋酸菌，等等。浩大的支援队伍风风火火地进入战场，把那几十万病原菌团团围住，切断了它们的退路，从不同地点、不同方向开始攻击。殿后的病原菌被逐一消灭，冲锋的病原菌到了白细胞和淋巴细胞那儿，不是被白细胞打死，就是被淋巴细胞喷出的"抗体"给分解了，成为一堆碎片。杀完自己这边的病原菌后，它们又转身去帮助肚子已经吃得圆鼓鼓的巨噬细胞了。它那儿的病原菌早已所剩无几，淋巴细胞还没喷过瘾呢，病原菌已经不见了。

一个病原菌害怕它们来杀自己，赶紧找到自己来时的入口，准备逃走。不料，淋巴细胞眼尖，向它喷射了几个"抗体"，它也与同伴一样四分五裂了。

免疫系统与支援大军击掌庆祝胜利，得胜而归。

"斯文哥"阿豪

张珂轩

我们班有一位出了名的"斯文哥",挺高挺白挺帅,戴着一副厚厚的方框眼镜,看起来很是斯文。

下课铃声一响,我们一大帮男生纷纷从抽屉或口袋里拿出自己的宝贝,见缝插针地玩起悠悠球来。悠悠球在我们手中上下翻飞,一会儿是"摩天飞轮",一会儿又是"猴子上树",看得大家眼花缭乱,欢笑声不时飘满教室的每个角落。瞧瞧我们的"斯文哥",正坐在座位上津津有味地看他的《三国演义》,完全沉浸在书的海洋里,真是"两耳不闻窗外事,一心只读圣贤书"。"丁零零——"上课铃声响了,他意犹未尽地放下课外书。这个貌不惊人的小玩意儿——悠悠球,把我们班很多男同学的魂都勾走了,唯独勾不走"斯文哥"的魂。

艺术节上,他穿着一袭银色的燕尾服,款款坐在钢琴前，演奏起了钢琴曲《阿拉伯风》。时间悄悄流淌，美妙的音符在他的指尖跳跃，创造出多姿多彩的梦幻世界。我们陶醉在这美妙的音乐中。音乐戛然而止，雷鸣般的掌声经久不息，这是对"斯文哥"最好的肯定。

他的斯文，使他看上去显得文文弱弱，像一介书生。他跟同学说话，永远都是轻言细语，像潺潺的流水。他喜欢一个人安静地做自己的事情，小伙伴们谁也猜不透他的心思。可就是这样一个斯文的人，也有不斯文的时候。

学校举行环保演讲比赛，先在班级里进行初选。这时候的我，拿着稿子的手在不停地抖。我对稿子上的内容还没有完全记熟，要是等会儿演讲时忘词了可怎么办呢？我忐忑不安。后来，在刘老师的鼓励下，我才慢腾腾地上台，结结巴巴地完成了自己的演讲。轮到"斯文哥"了，只见他潇洒地走上台，一边用洪亮的声音向大家演讲，一边随着演讲内容做出各种各样的动作。他充满激情的演讲，深深地吸引了同学们。实在是太帅了！以前那个弱弱的"斯文哥"不见踪影啦！同学们不禁都为他鼓起掌来。人生没有彩排，只有现场直播。"斯文哥"把握住了机会，代表我们班去参加全校的演讲比赛。

哈哈，这样一位"斯文哥"，你是不是很喜欢呢？

鱼　鹰

李松岩

　　这个星期六，我和爸爸一起骑车去水街。在水街的那条河上，我看见了一幅从来没有见过的画面：一个粗壮的男人拿着一根长竹竿，驾着小船，船的两侧绑了十几根短短的竹竿，每一根上面都站着一只鱼鹰。

　　爸爸告诉我：鱼鹰其实就是我们常说的鸬鹚。听了这句话，我赶紧凑上去看那曾经在无数本书里读到过的鸬鹚。可惜，它们和我想象中的鸬鹚差远了！我想象中的鸬鹚嘴巴很大，像个有盖子的大口袋，没想到真正的鸬鹚嘴巴却像一把利剑，下巴一点儿也不大！

　　小船渐渐靠近我们这边，这时候，渔夫用长竹竿的顶端轻轻地碰了碰离他最近的一只鱼鹰，那只鱼鹰顿时像一个士兵听到了指挥官的命令，立刻跳下船，在水面上仔细地来回巡查。紧接着，其他鱼鹰也被渔夫陆续赶下了水。

突然，第一只鱼鹰好像发现了目标，一个猛子扎进水里，转眼间便不见了踪影。啊！我还以为鸬鹚像一些水鸟一样，是在水面上空盘旋，然后突然用爪子抓住跳出水面的鱼，没想到真正的鸬鹚是像鸭子一样在水面游动，然后一下子潜进水里，在水底下捉鱼。

我和爸爸睁大眼睛紧张地盯着每一寸水面，期待着那只鱼鹰再次出现，可我们的眼睛都盯酸了，水面上依然没有一丝动静。

等得无聊，我准备招呼爸爸离开，就在这时，水面上突然冒出一个脑袋，原来是那只失踪的鱼鹰！它张开大嘴，换了口气，然后又钻进水里。我又惊又喜，看来我错怪它了，它可是一直在埋头苦干呢。

一会儿，鱼鹰欢快地叫了一声，看来它捕到鱼了。渔夫用长竹竿又轻轻地碰了碰它，它就听话地飞回了船上。渔夫用力拽了一下鱼鹰脖子上的绳子，鱼鹰立刻吐出一条鲜活肥美的大鱼，接着又啄了啄装小鱼的桶，着急地叫了几声，好像是在催促渔夫快点儿给自己奖赏。渔夫从身旁的一个小桶里拿出了一条小鱼扔给它，鱼鹰高兴地用嘴叼住，一口吞下去，然后就喜滋滋地飞回自己待的那根短竹竿上，耐心地等待渔夫再让它下河捕鱼。没过多久，其他鱼鹰也捕到鱼了。它们一只只飞回船上，吐出了鱼。很快，桶里就装满了大大小小的鱼。渔夫不由自主地咧开嘴，高兴地笑着，驾着小船回家了。

西塘·烟雨之梦

沈嘉怡

"白墙灰瓦雨如烟，古意石桥月半弯。碧柳丝丝垂旧事，为谁摇落为谁眠？"此季节，站在西塘古街上，春意绵绵，风景如画，古街、石桥、古物一一从眼角划过，不禁让人觉得古镇西塘是厌倦世俗隐居的最佳去处。

我从小就生活在江南水乡，对风景秀丽的地方情有独钟。沿着河滩两岸行走，边走边领略廊边如诗如画的风景。狭长的河中央，微波粼粼，水面上那古色古香的乌篷船正朝我这边优哉游哉地漂过来，划船的老者卖力地挥动着手中的桨儿，嘴里哼着好听的调调，还时不时地吆喝几句。长廊的两岸更是让我看花了眼，有着古朴韵味的商铺好不热闹，吃的、穿的、用的……特别是一些古玩和充满民族气息的小玩意儿，很是好看。各种特色饭店、原创民族风情服饰，带着怀旧气息却又透着现代风格的咖啡馆……不但应了小镇的景，更是给这座小镇增色不少。边走边赏，古朴典雅的西塘在我的眼中俨然形成了一幅流动的水墨画，意味无穷。此刻，手中的相机早已不由自主地留下了令人难忘的动人画面，真是画中有人，人中有画。

我们依旧慢慢走着。古镇的巷子堪称一绝，就连巷子里的天空也形成了一条天巷，狭长而悠远。若是此时身着旗袍，手撑油纸伞，回眸一笑，这样的意境，定会让人沉醉。

冰清玉洁的西塘，每一分景色，都是那么美丽……

精彩的皮影戏

周俊康

一阵敲锣打鼓的声音传来，老虎猛然跃起，气势汹汹地向武松扑去……看到这儿，你一定会认为我在看电视吧？那你就大错特错了！我是在看皮影戏呢！

皮影戏是我国特有的一种艺术形式，已经传承了两千多年。表演皮影戏所需的道具并不多，一个射灯，一块白色幕布和几个皮影就足够了。操纵皮影的人只需要在幕布后操控皮影做出各种动作就可以。你瞧！皮影戏这会儿正演得热闹，快去看看吧！

老虎扑向武松，武松临危不乱，向后轻轻一跃，老虎扑了个空，居然还在地上打了个滚儿。能使皮影做出这种高难度动作，操纵皮影的人技术该有多好呀！我不禁在心里敬佩起操纵皮影的人来。

这场大战愈演愈烈，观众们都屏息凝神，眼睛一眨不眨地盯着幕布。武松此时飞身跃起，跳到了老虎背上，对着老虎拳打脚踢，老虎渐渐支持不住，终于倒了下来。操纵者是如何做出"打"的动作，却不伤到皮影一分一毫呢？我好奇起来。这时，扩音喇叭适时地响起，通知我们可以继续参观幕布后面的戏房。

我听了这个消息，激动得一蹦三尺高，一马当先冲进戏房，想一探究竟。

后面的皮影可真多呀！架子上、柜台上到处都是，琳琅满目，数不胜数，我惊得下巴都要掉下来了。操纵皮影的是两位胡子花白的老爷爷，根本没注意到我的到来，仍在专心演戏。我凑近一看，恍然大悟。原来，武松打虎时，老虎靠幕布近一些，武松离幕布远一些，武松根本没有骑在老虎身上，而是悬空着，他的拳头也没有打在老虎身上，只是视觉效果而已。

这时，扩音喇叭响了起来，通知我们该离开了。我依依不舍地离开了戏房。

虽然这次观看皮影戏只有短短三十分钟，却在我内心深处留下了难以忘怀的印象。皮影，作为世界非物质文化遗产之一，有着无穷无尽的魅力。

辩论赛刺探情报绝招多

王艳秋

前几天，闫老师突发奇想，想举行一场辩论赛。为了做好准备，正方和反方除了认真准备辩论材料，还费尽心思去刺探对方的情报。下面请看各路绝招——

绝招一：偷看资料。

我方的两大主辩手——小何和小刘想去反方探探情报，谁知无意间发现小周正和"好姐妹"何昱廷聊着天，而他的资料正乖乖"躺"在文具盒里向他们"招手"呢！真是"踏破铁鞋无觅处，得来全不费工夫"。小何和小刘装作若无其事的样子在小周课桌前徘徊，小何悄悄翻开文具盒，拿起资料，又朝小刘使了个眼色，偷偷看了起来。他一边看，一边记在脑子里。可出师不利，还没记多少，就被发现了。小周一回头，正好发现他俩，立刻明白了他们的用意。于是，他瞪着眼嚷道："你们干吗偷看我的资料？"两人立刻定在那儿，脸上勉强挤出一丝微笑，然后急忙溜走了。嘿嘿，得到资料了！

绝招二：窃听情报。

下课了，我托着腮，望着窗外，想窃取情报的办法。我绞尽脑汁想方法，可都以失败告终。正当我要放弃时，只见对方成员凑在一起，好像在商量着什么。呵，有了，难道不能偷听吗？真是"山重水复疑无路，柳暗花明又一村"。我小心翼翼地潜伏过去，竖起耳朵听了起来。只见仲豆豆先环顾了一下四周，见没有人，才压低声音小心翼翼地说："这次的对手不好对付，都是精英级别。据可靠消息，一辩是我的竞争对手——何雨蒙，那就由她的'天敌'——何昱廷来对付，小何，好好干，姐信你！二辩是那个话痨——刘啸禹，就让我组的话痨——周煜轩迎战！三辩、四辩暂时还不清楚，我方就由徐静怡和丁冰清应对，有什么情况随时汇报，清楚了吗？"他们点点头，散了。仲豆豆又让徐静怡留下，说了一大堆话，小徐点点头，走了。我赶紧悄悄溜走了，稍稍思索了一下，找到小何，汇报了情况。小何像是自言自语，又像是说给我听："既然他们知道我方一辩、二辩，我们何不将计就计……"说完，又拍拍我的肩膀："干得好！"我喜滋滋的，因为，我们又获得情报了！

绝招三：卖萌装可爱。

下午，我拖着沉重的书包走进学校。一进教室门，只听"徐大嘴"一声"河东狮吼":"QQ(秋秋),书包沉吗?我帮你拿!"说着,抢走了我的书包,扯着我跑回座位上。她坐在同桌的位子上,装出可怜巴巴的样子问我:"QQ,我对你好吗?"我倒吸了一口凉气,心想:以前大大咧咧的"徐大嘴"去哪里了?徐静怡怎么成这样了?吃错药了?太阳从西边出来了?还是……算了,肯定不怀好意,会不会是关于辩论的事?还是小心为妙!这时,我想起了早上仲豆豆对徐静怡说了几句话,肯定与这个有关!于是,我回答她:"挺不错的啊!"她似乎很希望听到这样的回答,一下子变得笑嘻嘻的:"QQ,你们组三辩是谁呀?"果然绕上了正题!我拿出一本书,边看边回答:"没定,在我和许子慧之间定。""那你能让许子慧当三辩吗?""什么?"我惊得把书都弄掉了,迅速转头质问她。"许……许子慧弱一点儿,不是吗?"她说着,又扮起了"金鱼嘴"。我终于明白她的目的了,坚定地摇了摇头。她见卖萌不行,态度立即一百八十度大转弯:"不行就不行,我的字典里就没有'输'这个字。我——一——定—— 会—— 战—— 胜—— 你!"说着,她气鼓鼓地走了。我朝着她的背影喊了一声:"来吧,我奉陪到底!"说完,我心想:哼,小徐,跟姐斗,你还太弱了点儿!再练上个四五年吧!我不会上当的!

看吧,各路绝招是不是让你很惊讶呢?嘻嘻,还是辩论场上见吧!

奶奶熬的粥

苏晶晶

小时候，我在奶奶身边长大。

早晨，当第一缕阳光洒向大地时，奶奶就起身开始忙碌。每次，等我起床诵读时，她总是边淘米熬粥，边喃喃唠叨着："丫头啊，好好读书，要做一个有出息的人，将来才不用像我们这样一辈子住在这大山里。"从小到大，奶奶就这样不厌其烦地唠叨着，而我仅仅把它当耳旁风。但每次看到奶奶为我忙碌的身影，想起奶奶的话，我的心中总会涌起一股劲儿。

上学的时候，每天中午，我在学校食堂吃饭，食堂的饭菜虽然颜色鲜艳，却少了奶奶粥中的一缕清香。傍晚，迎着晚霞往家赶，一到家门口，就闻到粥的淡淡香气。这股香气仿佛打开了我身体上的某一个开关，馋虫像是开闸的水一般奔流汹涌。

　　"开锅！白粥配豆豉。"开饭的时候，爷爷奶奶和我就围坐在院子里，伴着黄昏瑰丽的光，喝着又浓又香的白米粥，那真是一种享受。这时，耳边又是奶奶的絮叨："今天上课有没有认真听？要好好读书，不要像我们一样……"我觉得心口有一股暖流淌过。

　　奶奶一生务农，一生为家人默默地劳作着，天天为我们熬着可口的米粥。那清香的粥啊，倾注着奶奶对家人的爱、对家人的希望！或许，奶奶年轻时也有着远大理想，只是如今年事已高，空有这点儿心愿在心中闪烁。于是，她就把愿望寄托在下一辈身上，渴望他们能成为有出息的人。于是，她天天不厌其烦地在我耳边唠叨，给予我鞭策，盼着我能早日出人头地，快快乐乐地过好每一天。

　　几十年岁月如烟，她不曾落下一天，粥的香气越来越浓，渐渐沁入我的心房……

五官，当的什么"官"

童子赟

我们每个人都随身携带着五官，永不离弃，它们各有所长，各有所短。

眉目传情，我给眉毛封了个官，叫它"表情官"。有人长了一对柳叶眉，那她一定是一个绝世美女；有人长了一对卧蚕眉，那他一定是一位英雄好汉。开心的时候，眉开眼笑；忧虑的时候，愁眉苦脸；生气的时候，横眉冷对。眉毛是眼睛的保护神。可是，它也有倒霉的时候。有人嫌自己的眉毛不好看，就把眉毛剃掉，让它"妻离子散"；更残忍的是，文眉时，还把它一根一根地拔掉，让它"家破人亡"。

眼观六路，眼睛是个"检察官"。它是心灵的窗户，黑白分明，明察秋毫。旅游的时候，可以欣赏美景；逛街的时候，可以挑选商品；看书的时候，可以品读美文。不过，"检察官"也有受罪的时候。当小主人上课开小差时，他的眼皮被狠狠揪起；当小主人沉迷于电脑、电视时，就容易得近视眼，变成"四眼田鸡"；当沙子飞入眼睛里的时候，眼睛就会默默地流泪。

"气味官"这个昵称当然非鼻子莫属了。它高高直直，有一种"唯我独尊"的优越感。逢年过节，酒肉飘香，它最先品尝；阳春三月，花香扑鼻，它得意扬扬。它劳苦功高，夜以继日，片刻不停。最不幸的是它经过垃圾场的时候，恶臭难闻，捂鼻遁逃；摔跤的时候，鼻子中招，鼻血直流；感冒的时候，交通堵塞，香臭难辨。

嘴巴能说会道，就封它一个"外交官"。有的人有一张樱桃小口，小巧玲珑，招人喜欢；有的人唇红齿白，气色超好，身体棒棒。晏子使楚，能言善辩，维护尊严，千古传颂。嘴巴可以品尝美味佳肴，可以演唱动人歌曲，还可以倾诉真挚情感。可是，喝中药的时候，嘴巴里非常苦涩；传播流言秽语，祸从口出，会被人掌嘴；贪吃烧烤、辣条，病从口入，上吐下泻。

耳听八方，就封耳朵为"听力官吧"。它外形有点儿像"3"。它可以听美妙的音乐，可以听精彩的故事，还可以听大自然的声音。听到噪音的时候，耳朵会觉得异常难受；上课说闲话被发现，"听力官"便被揪得老长；有些爱美的人，在耳垂那儿打个耳洞，轻则发炎，重则流脓，痛苦不堪。

五官五"官"，扬长避短，团结一心，实力非凡。

那孤独的窝

郑嘉莉

撒一把米到我家的天台上，便会有许多鸟儿绕着我家楼顶飞来飞去，此时我便会非常高兴，目不转睛地看着鸟儿们，唯恐惊走了其中的一只。

就这样，日子一天一天地过去了，那些鸟儿渐渐对我们家熟悉了，每到傍晚，就会飞到我们家的楼顶，在那儿细细地啄米。一天，一只鸟做出了一件让我们全家都惊喜的事情：它在我们家窗前的一棵树上垒了窝，筑了巢，每天都住在里面。早晨，我在它的鸣叫中醒来，傍晚，它又用美妙的歌声迎接我的归来。有一天，我惊喜地发现那窝里竟然有几颗鸟蛋，圆圆的，白白的，非常可爱。小鸟变成了鸟妈妈。终于，有一天，从茂密的树叶丛中传来一阵细小的、娇嫩的叫声，小鸟出壳了。我按捺不住喜悦的心情，悄悄地扒开树叶，嫩黄的绒毛，嫩黄的小嘴，嫩黄的小爪，把一双双乌黑的眼睛衬托得特别有神。我把这件事告诉了爸爸妈妈，为此，我们还举行了一个小小的庆祝仪式。

我开始更加细心地照料它们，它们对我也越来越信任了。每天一放学，我回到家的第一件事便是撒一把米到窝里，让小鸟们吃个够。可好景不长，不久便发生了一件让我非常难过的事情。

那天，天空灰蒙蒙的，像在预示有什么事情要发生。不一会儿就下起了豆子般大的雨点，花园的地板被雨水"滴滴答答"地敲打着。这时，鸟妈妈从外面回来了，小鸟已被雨水淋透了，正可怜巴巴地缩在巢的一角，鸟妈妈张开翅膀，把小鸟保护在翅膀下。好温馨的一幕啊！但是一声雷鸣打破了这温馨的一幕。一只小鸟似乎是被雷声吓坏了，突然从窝里掉了下来。又一声雷响，一道闪电划破了天空，窝里的小鸟害怕得乱跳。这时，我家的花猫刚好从树下经过，看见了掉在地上的小鸟。那可怜的小生命，在我还没来得及扑救的时候，就被那贪心的花猫吃进肚子了。

鸟妈妈在树上看着这一切，凄厉地叫着，飞扑下来，想抢救那只小鸟。可是，一切都太晚了。鸟妈妈伤心地在雨中飞来飞去。

后来，其他小鸟长大了，飞走了，鸟妈妈再也没有回来过，只留下一个破旧的鸟窝，孤独地挂在翠绿的树枝间……

奇怪的书

叶子彦

从前，在一座城市里住着一家三口：萨沙、妈妈、爸爸，他们生活得无忧无虑。萨沙的父母总是往家里带书，家里堆满了书，可萨沙就是不喜欢看书。不信你看：爸爸妈妈吃饭的时候看书，睡觉前也看书，每次父母读书，萨沙就用手捂着耳朵，生气地说："我不喜欢书！"

萨沙有一只猫，名叫"喵财"，这只猫跟了萨沙六年了，她俩"手足情深"。喵财不喜欢书，并不是因为萨沙不喜欢书，而是因为它前年被书砸到了，背上受了伤，让它痛苦万分。此后，喵财每次都站在离书远远的地方，免得自己再被书砸到。

有一天早晨，阳光明媚，万里无云。该吃早饭了，"喵财，快过来吃早饭。"萨沙在准备早餐，忙得不可开交。过了好一会儿，喵财还没来，萨沙放下铲子，来到了客厅。啊，喵财竟爬上了几十本书堆成的书梯上，下不来了！"喵财，你别怕，我来救你。"萨沙大声地说。

萨沙慢慢地爬着，当踩到第十八本书的时候，突然脚下一滑，所有的书全飞起来了。"哎哟，我的屁股！"萨沙重重地摔在地上，痛苦地呻吟着。这时，奇迹发生了：书里的动物和人都跑了出来。萨沙目瞪口呆，一群猴子你追我赶，两只公鸡在打斗，鸟儿们在房间里飞来飞去，小兔子在啃桌椅……一切都如在动物园中一般。

"快停下！"萨沙吼道。可人和动物依然在各玩各的。萨沙生气极了，抓起一只兔子往一本书里放，不料，兔子用脚一蹬，竟从萨沙手上溜走了。

墙角有一只浑身湿漉漉的狼，萨沙走过去，亲切地问道："你好，狼先生，请问你从哪本书里来的？""我也不太清楚，我是《小红帽》里的狼，还是《三只小猪》里面的狼？"狼一边说，一边用桌布擦眼泪。萨沙眼珠子"骨碌"一转，对大家说："坐好了，我讲到哪则故事，故事里如果有你的话，你就跳进去。"果然，人和动物们停止了嬉戏，围成一个圈，听萨沙讲故事。

"从前，在一个茂密的森林里住着小猪一家，猪大、猪二、猪三，还有年迈无力的母亲。一天……"故事讲完了，猪、狼、狐狸、熊异口同声地说："那是我们的故事。"说完，便开心地走进书里了。

萨沙读的故事越来越多了，人和动物也越来越少了。爸爸妈妈回来了，看到这一幕，激动得不得了。

从此，萨沙爱上了读书。

舌尖上的大同黄糕炖肉

霍田田

中国地域广阔，横跨几个时区和多个气候带。由于气候的不同，各个地区的风味食品也是独具特色。我出生在大同，自然喜欢吃大同独有的黄糕炖肉。

黄糕炖肉，顾名思义，就是黄糕蘸上肉汤。金灿灿的黄糕静静地卧在碗里，散发出一阵阵米香、麦香夹杂在一起的清甜味，旁边的盆里盛着肉汤，褐色的飘着油花的肉汤和里面一大块一大块的肉一起制造出咸咸的热气，汤里还点缀着绿绿的香菜和葱花。面对这诱人的颜色和气味，不管是谁都会不由自主地坐到餐桌前拿起筷子跃跃欲试。

吃黄糕炖肉时，要先把一大块软绵绵的黄糕夹成红枣般大小，再把它放进肉汤里蘸一蘸，然后就可以吃了。我喜欢把肉汤和肉块一起舀进放小块黄糕的碗里，再夹起一块完全被肉汤浸泡过的小黄糕，放进嘴里，嚼着黏黏的黄糕，口腔里顿时被黄糕味和肉汤味充满。黄糕进了肚，但一小部分粘在了牙上，我又夹起一块肉，让它与粘着的黄糕胶合，哈，不好意思，嘴角流油了。

黄糕炖肉虽然好吃，做起来可不易。把黄米面倒入盆中，加入适量热水，这时要迅速用手和面，否则水凉了就和不好面了，待糕面成形，分成小块，再放入笼屉蒸熟，黄糕就做好了。肉汤相对容易，把切好的五花肉块放入锅中，倒进刚淹没肉的水，放入适量盐、花椒、茴香、酱油和醋，小火慢炖，快熟时，再放入香菜和葱末，烂熟后舀入盆中。一道美味的黄糕炖肉就新鲜出炉了。

我看到了"金蝉脱壳"

陈润怡

"嗨,润润快起床,你的蝉宝宝开始脱壳了!"妈妈的惊叫声把我从梦中惊醒,我揉着惺忪的睡眼,摇摇晃晃地走到阳台上。

就在我走到那个透明的罐子旁边时,禁不住睁大了眼睛。昨天还在罐子里叠罗汉的两只蝉,今天已经完全变了模样:咖啡色的蝉壳从头部裂开,蝉的半个身体已经从壳里爬出来了,嫩黄色的身体,嫩黄色的小脚,头部一对花椒籽一样的黑眼睛闪闪发亮。它用小脚拼命踹着原来的蝉壳,想要快点儿从壳里出来。瞧,身旁的翅膀已经长出来了,折叠着,软软地,贴着身体。翅膀边缘是嫩绿色的,中间是嫩黄色的,而翅膀下部整个呈白色。旁边那只仰卧在它的壳上,六脚朝天,这样我可以清楚地看到它的嘴巴——也就是那个针状的长长的口器。

蝉用前爪抓住蝉壳，使出全身力气扭动着屁股，慢慢地，它的身体一点儿一点儿从壳里露出来，背上的保护甲已经由开始的嫩黄色慢慢地变成浅绿色，边缘还有一些深绿色的条纹。我看到它的身子不停地抖动着，夹在蝉壳中的尾部一扭一扭，最后终于离开了蝉壳。

眼前的蝉静静地趴在蝉壳上，全身呈黄绿色，可是它的翅膀这么小，怎么飞呢？正在我为它担心的时候，它的翅膀颤动了几下，聚拢在一起的翅膀奇迹般张开了，就像两把大扇子，逐渐拖到腹部，盖住了身子。灰白色的翅膀渐渐变成了透明的，翅膀上出现了叶脉一样的精美花纹，好漂亮啊！

我出神地盯着罐子里的蝉看了好久，心想：大自然真是一个神奇的魔术师，这蝉的卵要在黑暗的地底下待上好多年才能变成幼虫，从洞里钻出来。它不畏艰难，冲破重重阻力，经过痛苦的蜕变长出美丽的翅膀，才能在枝头骄傲地歌唱。我对它不禁产生了深深的敬意，于是便把罐子里的蝉儿放到楼下花园中，让它短暂的生命绽放出绚丽的色彩！

我做了一回"婚礼主持人"

吴彬杰

最近，妈妈给小狗亮仔买了条骨头项链，邻居叔叔家的小黄狗阿灵便疯狂地"迷恋"上了亮仔。作为狗的小主人，我决定为它俩举办一场简单的婚礼。

"当当当当，当当当当……"我将在网上搜来的结婚进行曲录制下来，又把两位"新狗""邀请"到现场。

婚礼开始了，两只小狗走上了"红毯"，可这时，我突然想起，结婚时新人要穿婚纱和西服，狗狗也不能少！我又返回家中，翻箱倒柜地寻找"礼服"。呵！得来全不费功夫，我一下子盯上了我们家的白餐布和黑窗帘，尽管它们已经油斑点点了，但是还能用。我将它们都一分为二，把同一条线上的两个角各戳一个洞，穿上两条绳子，再绑在两只小狗的脖子上，就大功告成了。

终于，婚礼正式开始了。我拿起一张小纸牌，微微弯下腰问："亮仔先生，你愿意娶阿灵小姐为妻吗？"只听它"汪汪"叫了两声，大概是表示同意吧！我又转过身去问阿灵："阿灵小姐，你愿意嫁给亮仔先生吗？"阿灵仿佛听懂了我的话，它深情地看了一眼亮仔，然后便扑了上去，把亮仔按倒在地，并拼命地舔亮仔的脖子。我这个小主人不禁喜不自胜，心想：一定是阿灵听到自己终于嫁给亮仔这个喜讯，抑制不住内心的激动吧！

"好！交换信物——"我故意拉长了音调。可是，哪来的信物呢？妈妈的结婚戒指？太贵重！我的手链？戴不了！现在去买，来不及了……怎么办呢？我扫视四周，想临时找个东西敷衍一下。突然，我的目光停在了亮仔的项链上。我走上前去，一番好言相劝，最后终于把那条满是口水的黏糊糊的项链摘了下来。突然发现，亮仔两眼盯着我手中的项链，眼看就要扑上来了，我急中生智，踩住亮仔脖子上的绳子，迅速将它拴起来，才得以顺利地把项链戴在阿灵的脖子上。

这时，恰好邻居叔叔来了，我拿了根棒棒糖给他："请亲家您吃两只'新狗'的喜糖。恭喜您家的小狗出嫁。""啊？我家的小狗出嫁？！它可是纯爷们呀！"叔叔惊讶得嘴都张成了"O"字形。

我这才知道，原来阿灵也是公的，它喜欢的只是亮仔的骨头项链！唉，真是委屈了亮仔……

文具盒，变、变、变！

张　那

你看到的我，是一个文具盒；可是你看不见的，是我的经历。我阅历丰富，几经变身。

摇 身 一 变

我是一块铁，经过反复地锻压、熔化、造型、加工，我变成了一个崭新的易拉罐。我的身体里注入了香甜可口的饮料，被大卡车拉到了一家连锁超市。一位漂亮的阿姨把我放到了一个"座位"上，还在我身上贴了一张花花绿绿的纸，好痒呀！

不一会儿，我被一个可爱的小男孩儿买走了。"咕噜咕噜"，他一口气把我身体里的饮料喝了个精光。看到他心满意足的样子，我心里有说不出的高兴。他高兴地把我送到了可回收垃圾桶里，蹦蹦跳跳地走远了。

摇 身 二 变

一只温暖的大手把我捡起来，这是一位收垃圾的老爷爷。他把我轻轻地放进一个袋子里，袋子里有许多我的同伴。几经辗转，我和我的小伙伴又变成了一只铁饭碗。精明的商人把我买了回去，他把我摆在马路边卖。不一会儿，有人相中了我，看到商人开心地数着钱，我心里美滋滋的。看，这就是我的价值啊！

新主人的家里有个小孩儿，他很小，还拿不牢碗。他一次次把我摔到地上，我身上青一块紫一块的，但我一点儿也不埋怨，摔也摔不碎，正是我的优点啊。他终于用我学会了拿碗吃饭，我伤痕累累，被抛到了收垃圾的车上。

摇 身 三 变

我经过加工，又变成了文具盒，被一辆小货车拉到了一家小商店。一群小孩儿闯了进来，把我和其他的伙伴买走了。跟随着我的小主人上学、放学，我一会儿躺在课桌上，一会儿躺在书包里，感觉很充实。

不知道我下一次还会变成什么，我感觉很快乐。我知道幸福不在于索取，而是在于奉献。奉献，使心灵丰盈而充实。

红豆峡的奇

刘蔚杰

　　来到山西长治太行山大峡谷的红豆峡，到处都显现着一个字——奇。

　　山是奇的。几十座山峰叠在一起，山峦起伏，浩浩荡荡。它们形态各异，或两两相依，庞大的身躯遮住了湛蓝的天空，高高的身影把太阳也比了下去，只是缝隙间露出一线晴空，留下一缕阳光，这便是"一线天"；或一峰独秀，远远望去，如一根石柱，深深插进泥土中，而那山顶上，竟悬立着一块巨石，犹如一簇火苗，整座山峰酷似一根蜡烛；或高耸入云，直插天空，仔细一看，那尖尖的峰顶上，一只栩栩如生的小壁虎正一动不动地趴在上面，似乎在锲而不舍地向上攀爬呢……

　　水是奇的。山泉是一位"百事通"，它最熟悉这里的地形了。你瞧！它一会儿从高耸的山峰上滑下来，溅起巨

海上夜色

大的水花，然后从狭窄的石缝中挤进去，汨汨泉水从洞口好不容易冒出来，细细长长，便又立即随着"大部队"一起向前行进；一会儿，它漫过山路，我们只能踩着石板，小心翼翼地踮着脚尖过去。可是，它还是跟我们闹着玩，不停地冲击着石板，无辜的人们鞋袜都湿了……

在山中，一花一草都是那样奇丽。红豆杉长在山路旁，小小的豆子像被染成了红色似的，那样瑰丽，它们小心翼翼地藏在墨绿的灌木丛中，却依然魅力十足。我可以想象到，秋天时，那漫山遍野的红色，是怎样的壮丽，怎样的气势磅礴，而它们却只是丁点儿大的小精灵。

在这幽静的山谷中，听不知名的鸟儿开演唱会，吹山中清凉的风，闻花儿沁人的香味，感受大自然的美丽壮观，我不由得感慨：如果在这世外桃源生活，与山中的花草鱼虫为伴，该是多么洒脱自在！

失踪的红包

孙欣宁

去年春节，我像往常一样，和父母一起回老家看望爷爷奶奶。吃完饭后，我拿起当天的报纸津津有味地看起来。正当我沉浸在报纸的逸闻趣事中时，爷爷蹑手蹑脚走到我身边，敏捷地把一个红包塞进了我的口袋。还没等我缓过神儿，爷爷做了个"嘘"的手势，悄悄地说："不要拆开看，这是个秘密！明天再看！"我有点儿丈二和尚摸不着头脑，但听了爷爷的话，还是强忍住了拆开红包的欲望。我抚摸着口袋里的红包，心里嘀咕着：这红包鼓鼓囊囊的，肯定装了不少压岁钱！我一边激动地想着，一边美美地计划着用这笔"巨款"购买啥东西。

午夜降临，我打着哈欠钻进被窝，盼望着明天早早到来。

第二天一早，我就迫不及待地把昨天的衣服拽过来，

海上夜色

以迅雷不及掩耳之势去掏口袋里的红包。咦？左口袋里没有！不会呀，我明明记得爷爷把红包塞进左口袋了啊！再掏掏右口袋，还是没有！我顿时"石化"了！脑袋里一片空白！接着掀开被子，拍拍打打，掀开床单，仔细寻找，还是没有！我急得像热锅上的蚂蚁，顾不得穿鞋子，光着脚就在房间的各个角落翻腾起来。任凭我众里寻他千百度，可是，红包还是没有找到！是谁"偷"走了我的红包？各种疑问接踵而来，我陷入柯南推理断案的情节中：是爷爷出尔反尔，跟我搞"恶作剧"吗？是奶奶无意间把我的红包拿去买菜了？还是爸爸妈妈发现了这个秘密，偷偷没收了我的"财产"？那一刻，周围的每个人都成了"嫌疑犯"。

我准备不动声色地偷偷调查，拿着我的放大镜、戴手套、穿上黑大衣，计划着夜幕来临时潜入"敌区"，一探究竟。对了，电影里的侦探都得牵着警犬。我没有警犬，可是我有小花。小花是我的得力干将，它是一只可爱的小狗，每天陪伴我的时间最长，它也是我最信赖的朋友！为了节省时间，尽快查个水落石出，我干脆窝在墙角，想简单打个盹儿就开始工作。不知什么时候，我被一阵窸窸窣窣的声响惊醒了，我猛地睁开眼睛，迅速循声摸去，只听到"哇呜"一声，我顿时毛骨悚然！突然，似觉得这声音如此熟悉！慌乱中打开灯，定睛一看，天哪，居然是小花！它用湿漉漉的鼻子蹭着我的手，似乎要带我去什么地方。难道小花已经抢在我的前面断了案？我心领神会，跟着小花来到了书房它的小窝旁。小花用鼻子示意我看地上盛放狗粮的小碗。啊？！它的小碗里居然静静地躺着我的红包！原来"罪魁祸首"就是我最信赖的小花！它在我睡觉时，把从口袋里滑落出来的红包当成它的美味了，于是把红包叼进自己的小碗，准备享用一番，可是红包封上了口，它无法打开，这才让红包幸免于难。

　　我嗔怪地瞅着小花，没想到"真凶"居然是我的侦探员小花，这真是一个有趣的"意外"啊！

课间十分钟

张　越

"丁零零……"下课喽！顿时全体解放，刚刚的那一群"乖乖羊"纷纷脱下羊皮，成了一群搞怪调皮、乱窜乱跳的"大灰狼"。

镜　头　一

"交语文作业啦！""数学作业快给我交出来！""英语作业，快点儿，再不交，自己看着办吧！"瞧，咱班的三大"吼功女"又开始发威了，她们的"狮吼功"可是练得炉火纯青，可谓深得柳月虹之真传，且青出于蓝而胜于蓝。

镜 头 二

嘿！那一堆男生在干吗呢？我也上去凑个热闹，往人缝里一瞧，哎呀，在玩卡片，这可是班里的一大"禁事"呀！好歹我也是个班干部，理应上前阻止。"嘿嘿嘿……"我"奸笑"了一阵。听到笑声的男生"十万火急"地收起了卡片塞进口袋，给我让出了个位子。"拿来吧，小子们，全部没收！"嘿嘿……玩卡片你们在行，可没收卡片我可是很在行的哦！我把脸一黑，"阴险"地说："都给我交出来！不然我告老师！"他们"弃械投降"，无奈地交出了"赃物"……

镜 头 三

班级里经常发生"调皮男生PK暴烈女生"之事，然后呢，这些男生"必死无疑"。有时，男生凭着他们那点儿"飞毛脚"本事，让女生追着他跑教室三四圈都不成问题，那壮观的场面，引来一旁看热闹的人阵阵哄笑。

"丁零零……"上课了！各位"大灰狼"，"老虎头头"（老师）来啦，不能再疯了，快变回"羊"，快变回"羊"！"大灰狼"们一听，果然都面露惧色，以迅雷不及掩耳之势变回了"乖乖羊"。

书　瘾

陈任斯

世界上有酒瘾、网瘾、电视瘾……还有书瘾。你别误会，"瘾"字分为两类，一类是正面的，一类是负面的，而书瘾就是正面的，我就有书瘾。

我们家有个柜子，里面装着我的秘密宝藏。此柜被我叫作"书香柜"，我对它分外爱惜，甚至视宝藏为命。

我清楚地记得那令人啼笑皆非的一件事：

那是7月份最热的一天，知了在树上不知疲倦地叫着，树叶耷拉着脑袋。这样热的天气，令人不禁想打个盹儿。

于是，我打算扑向床铺。但这时，书香柜上的《红楼梦》犹如一块磁石把我吸了过去，我的睡意立刻消失了。

我像一个被饿了三天三夜的人一样，往《红楼梦》这块"面包"猛扑过去。"你在干什么？现在是午休时间，快去睡觉！"妈妈的声音如天命般不可违。啊！我亲爱的妈妈，你怎么可以……我心里暗暗叫苦。突然，我灵光一闪，计上心头。

"是，遵从您的命令！"我坚定地说，同时，向妈妈敬了礼，还鞠了个躬。妈妈满意地笑了，点了点头："我不吵你了，好好休息！"说完她便走了出去，关上门。

我像芭蕾舞演员一样踮起脚尖，轻手轻脚地走到门边，把耳朵贴在门上——妈妈的脚步声渐渐远了，最后消失不见。

耶！计划第一步完成，第二步开始！

我蹑手蹑脚地走向"书香柜"，拿出《红楼梦》，一头栽到里面去了。

书里那优美的文字让我再次陶醉，那精美的图画令我再次感叹，那一大家子的悲欢离合令我感慨万千。

"你居然在看书！"一个声音如雷般响起，妈妈站在我身后，生气地看着我。"林黛玉去世了！"我脱口而出。"什么呀！"妈妈强忍着笑说。"做一周家务！"妈妈下达了惩罚通知。

接下来的几天，我干着家务，心里却有说不出的愉快——值得！

这就是我！一个铁杆书迷！

海 上 夜 色

袁晨玮

　　今年暑假期间，爸爸带我去东台的海边游玩。那里景色宜人，我被那美丽的海景深深地迷住了。

　　导游介绍说："论海边何时最美，要数夜色最美。"为了看到夜色中的大海，傍晚的时候，我来到海边。太阳还没有落下，夕阳的余晖洒在大海上，海面上闪烁着金光，海燕不时地在海面上飞翔，用它们那洁白美丽的翅膀采摘着朵朵金色浪花，动作是那样的潇洒、迷人。慢慢地，太阳躲进了西山墨绿色的怀抱，霎时间，海水由蔚蓝色变成深绿色。这时，再看远处的小岛、渔船，它们似乎变得远了、小了、朦胧了，连浪涛拍击礁石的声音似乎也变得慢了、弱了、深沉了。又过了一会儿，远处的海面上，突然出现了数不清的星星点点的灯光，有红色、绿色、白色……细看这些灯光，有的静止，有的流动，有的一闪一闪有节奏地眨着眼。导游告诉我：那静止的是抛锚的轮船；流动的是正在作业的船只；那一闪一闪的是给一艘艘船只指路的灯塔。此时此刻，我不由得想：这夜色中的大海不正是一座繁忙的不夜城吗？

不知又过了多少时间，星星慢慢地挂满了深蓝的夜幕，月亮那秀美的身躯倒映在海面上，海上的夜色更加迷人了。月影横斜，仿佛在梳妆打扮。大海一片沉寂，一切都凝固了。一层层的波浪在清爽的海风伴奏下，轻轻地哼起了它的《小夜曲》。远处海面上的青山、灯塔、小船，似乎都沉睡了，此时此刻，它们像婴儿一般在大海的怀抱中熟睡了，偶尔在梦中吟哼几声。月亮把一片银色的鱼鳞洒在深蓝色的海面上，星星就像一群顽皮的孩子在跟大海捉迷藏。

我陶醉了，完全陶醉在这幅动人的画卷中。

爷爷家的年味浓

雨

郭奕李

我也不清楚这雨是从昨晚什么时候开始下的,今天早晨我还睡眼蒙眬的时候,就听见了这雨声。雨下得并不算太大,"唑唑唑"的,听着挺舒服的,像春风拂面一般。

我是挺喜欢雨的。下雨的时候,河面上会飘些薄薄的雨雾,轻轻柔柔的,一阵风就能把它们全部吹散。下雨的时候,没有耀眼的阳光,只有微凉的风儿去拂你的发梢,有点儿痒,像羽毛一样。也许下雨时这灰蒙蒙的天,也比较适合我这有些悲观的情绪。

爸爸的车子放在单位了,今天早上,我们得冒雨步行去学校。他叫我换上红雨鞋,带上黑布鞋,虽然我极不情愿,但也无可奈何。

走出家门,我看清了这雨,它们像是一把银针,被天女撒了下来。银针细细的,长长的,落地无声。而这雨打在树叶上却能发出"噼噼啪啪"的声音，清清脆脆的。时不时看到几只浑身湿透的鸟儿扑棱着翅膀，从这棵树飞到那棵树；还有几只湿漉漉的小野猫，钻进别人家的花园，蹲在屋檐下面，竖着耳朵，警惕地张望着整个花园，好像一有风吹草动，它们就会立马逃掉一样。

走上马路，汽车的鸣笛声此起彼伏，飞驰而过的汽车总把雨水溅在我和爸爸身上，看着爸爸像落汤鸡一样，我想发笑，转念又想：若是他包里的文件、电脑也湿了，那不糟了？

到学校的时候，雨小了一点儿，但没停，仍旧淅淅沥沥地下着。台阶上有许多黑色的泥脚印，即使值日的同学反反复复地拖，不一会儿，那黑色的脚印就又印上了台阶。看着值日生无奈的表情，我真心同情他们。

雨下了整整一上午，没完没了，断断续续，我心不在焉地听老师讲课，在课本上记下关键词、中心句。

今天，我看了很久的雨，单调而沉闷的空气也陪我看了很久的雨。原来雨也和我们一样，无可奈何。

爷爷家的年味浓

洗衣机里的"怪物"

平 安

吃过晚饭后,妈妈到阳台上去晾洗衣机里洗好的衣服,突然,阳台上传来了"啊——"的一声尖叫,把正在聚精会神写作业的我吓了一大跳。

我和爸爸赶紧跑过去,只见妈妈脸色苍白、身体瑟瑟发抖,指着洗衣机对我们说:"那里……那里有怪物……我刚才碰到了,软绵绵的,不知是个什么东西,有拳头那么大……"爸爸听了连忙安慰妈妈:"哪有什么怪物,肯定是哪个口袋里的面巾纸没拿出来,被泡烂了而已。"说完,爸爸就到洗衣机里去清理"怪物",哪知这次连爸爸也失声叫了起来,把刚抓到手的"怪物"重新扔到洗衣机里。妈妈见状说:"它一定是从洗衣机的排水管里爬上来的,不知这会儿这'怪物'是生是死?"一听说有不知名的怪物,我心想,该不会是从外星来的物种吧?在好奇心的驱使下，我提着我的"金箍棒"——自制的竹棒，拿着我的"照妖镜"——手电筒，准备去打"怪物"。我们父子兵同上阵，爸爸拿着"照妖镜"对着洗衣机照着，只见那个"怪物"蜷缩在洗衣机里，呈淡蓝色，还带一点儿透明，有点儿像毛毛虫，但若真有我拳头那么大的毛毛虫，可就真的是外星来的"怪物"了。我用"金箍棒"小心翼翼地挑起了那个"变异"的"毛毛虫"，把它扔进了垃圾箱，然后蹲下身子仔细研究起来。妈妈说："这么大的一个东西不可能从洗衣机的排水管里爬进来，难道是一直养在洗衣机里的'怪物'？"爸爸说："是不是以前孩子们玩的海绵宝宝长大了？"可我根本就没买过海绵宝宝呀，答案又被否定了。爸爸决定先从"怪物"的藏身地查起，他拿起衣服一件一件地仔细查找，最后发现我的上衣口袋里也有一点儿蓝色的东西，爸爸断定就是我搞的鬼。我使劲地想呀想，"蓝蓝的，带一点儿透明，从我衣服里冒出来的……"我忽然想起来了，大叫道："是我的降温贴，上一次我感觉脑门发烫，就贴了一会儿降温贴！后来撕下来后就放口袋里了。"经我这么一说，大家悬着的心才放了下来，胆子也大了起来。原来一个小小的降温贴，经过洗衣机清洗过后竟然大变样儿，外层的皮不见了，露出了里面的东西，里面的东西被水一泡，快速涨大，还有了弹性，一碰就直颤，摸上去软软的、黏黏的，让人误以为是毛毛虫。

唉，原来"怪物"是我的降温贴呀！一个原本静态的物体，经过我们的想象竟然变成动态的"怪物"了。我觉得今晚自己特像柯南。其实世上根本就没有"怪物"，只是我们心里胡乱猜测，自己吓自己罢了！

当叮当猫遇上奥特曼

蔡卓轩

3520年9月9日，对于奥特曼来说是个悲惨无比的日子。因为在这一天他收到了一封让他不能再去地球除暴安良，顺便赚些生活费的下岗通知书。信是动漫电视台的台长寄来的，上面写道：

威武的奥特曼先生：

很遗憾地告诉您一个不好的消息——您被"炒鱿鱼"了。原因很简单，小朋友们觉得您的表演千篇一律，在这个瞬息万变的时代，您什么时候打败了叮当猫，我们什么时候再谈合作的事儿！

动漫电视台台长：桃太郎

3520年9月9日

奥特曼拿着这封信，心里想：没了工作就等于没了收

爷爷家的年味浓

入，没了收入，就连最爱吃的快餐面也要买不起了，这可如何是好啊……不行！我一定要找这个破铜烂铁的叮当猫一决高下，争取再次上岗。

说干就干，奥特曼第二天一大早就从M78星云赶了过来。他找了一大圈，终于在动漫频道的演播大厅里找到了叮当猫。他对叮当猫说："嘿！你这块破铜烂铁，敢不敢和我较量一下？我要是赢了你，你就退出电视台，回未来去老实待着；若你赢了我，我就再也不来地球烦你了！"叮当猫不以为意地说："比就比，谁怕谁！我一定会让你输得心服口服。说吧，怎么较量？"

叮当猫话音刚落，外面就开始了好大一阵骚乱，大家赶紧奔到窗前看下面到底发生了什么事。原来是最善于制造黑洞的肯帝亚斯怪又来捣乱了。奥特曼二话不说赶紧从窗口飞了出去。还没打多久，怪兽就从嘴里喷出一个黑洞来，奥特曼一时没防备，一下就被吸进去了。叮当猫一看情形不对，赶紧乘时光机去救奥特曼。过了一会儿，奥特曼坐着叮当猫的时光机逃出了黑洞。怪兽见奥特曼逃脱，紧接着又从嘴里喷出一个黑洞来，幸好被叮当猫的防护网给挡了回去。趁着这间隙，叮当猫从口袋里掏出一把缩小枪，对着怪兽一连开了好几枪，怪兽一下子缩了好几倍，被奥特曼一脚踢回太空去了。

台长闻讯赶来，一把握住奥特曼和叮当猫的手，激动地说："看来你们俩缺一不可呀！下次你们俩可以一起出演《英雄联盟》了。"

爱 的 礼 物

兰靖宇

  国庆小长假，一场突如其来的感冒彻底把我击垮了。我上吐下泻，高烧不退，差点儿把老妈急哭了。在连续一个礼拜的打针吃药后，我终于赶跑了病魔。抬头看看老妈，因为担心我，她整整瘦了一圈。我看在眼里，疼在心里。对了，老妈的生日就快到了，我一定要送给老妈一个惊喜。

  送什么好呢？我绞尽脑汁，寻找目标。买礼品？资金不成问题，我已经有一笔数目不小的稿费了，而且可以自由支配。可是，给老妈买什么好呢？都怪我平时没心没肺的，只知道玩，根本没有在意老妈的喜好。要不，自己亲手做一份礼物？生日贺卡？不行，太落伍了。亲手为老妈烧菜？可惜，我只会吃，不会做。唉，送个礼物咋这么费劲呢？要不，悄悄地订一个生日蛋糕送给她？不行不行，订蛋糕的事，老爸肯定抢先了。

算了，等会儿再想，我还是先看会儿书吧。

我随手拿起一本新一期的作文杂志，里面的内容太精彩了。突然，有一行字吸引了我——纸盒帮你织围巾。文章里面说，只要家里有纸盒，就能"织"出漂亮的围巾。太好了！得来全不费工夫！如果我能亲手"织"一条围巾送给老妈当生日礼物，这绝对是一个大大的惊喜。

说干就干！我马上在家里翻箱倒柜，终于找到了一个纸盒和一些毛线。按照书上说的，我先把纸盒的边缘剪成锯齿状，编织围巾的工具就制作完成了。我再用胶带将毛线的一头固定在盒子外面，织第一圈时，将毛线从里向外在纸盒齿上缠绕。接着，我按照书上的方法，一步一步地开始"织"了。这事看起来容易，真正做起来可一点儿都不轻松。毛线绕来绕去的，一不小心就掉了，掉了就得重来一次。没"织"一会儿，我就累得够呛。可一想到老妈的生日，我浑身都是劲儿。

我正织得高兴——"在干什么呢？还不赶快做作业？"老爸不知什么时候站在了我的身后。"哦，知道了。"我吓得赶紧把纸盒和毛线藏进书柜里。虽说老爸没看出什么，但我还是吓出了一身汗。

接下来的几天，我只能在放学后偷偷地"织"围巾，我可不想让爸妈发现我的秘密。不巧的是，老爸这几天盯我盯得特别紧，作业做完还要给他检查，我几乎没有自由支配的时间。眼看老妈的生日就快到了，围巾还没"织"好，真是急死我了。后来，我总算想出了对策：在门上挂一个牌子，写上"本人正在沉思，请勿打扰"。每天放学一回家，我就关上书房门，假装在认真做作业。果然，老爸敲门的次数少了。

一周之后，一条漂亮的围巾终于"织"好了，老妈的生日也到了。老妈生日那天，我拿出围巾，轻轻地给老妈围上。老妈一脸的惊喜，不对，简直是惊愕。她不停地问："你织的围巾？"我自豪地点点头。那一刻，我发现老妈的眼睛湿湿的，满是激动……

不一样的玩沙

喻艺佳

　　热水海滩位于新西兰北岛东北部、科罗曼多地区东部的海岸线上，直面太平洋。那里之所以著名，是因为在面积一千平方米左右的沙滩上，随手向下挖几下，就会发现来自地下深处的天然温泉水，有些地方的热水甚至烫到人体无法承受。据说，在百万年之前，这里是地质活动特别频繁的区域。现在，科罗曼多半岛还有许许多多的火山，不过都是死火山。时间带走了一切，唯一留下的火山证明，就是沙滩下暗流涌动的热温泉河啦。

　　我和爸爸妈妈一人拿着一把铲子，脱掉鞋，从小木屋沿海岸线走向沙滩。大冬天光着脚走在布满贝壳的沙滩上，还真有点儿凉。

　　我们大手牵着小手，走近热水海滩，看到已经有几个老外在寻找泉眼了。我们把毯子铺在水冲不到的地方，妈妈坐在毯子上休息，我和爸爸先去寻找热泉。我们找到一块比较热的沙子，挖出水池的轮廓后，再往下深挖，挖出的沙子用来筑成围栏。很快，我们的"私家温泉"就完工了。水虽然不是很热，但我已很满足了，赶紧泡了进去。还没享受多久，迎面来了个大浪，刹那间，海水涌进了暖身之地。庆幸的是，我及时站了起来，否则真要被浪冲走了。带沙子的海水都冲到了我的脸上，我赶忙用妈妈递过来的浴巾使劲擦洗。忙了这么久，都白费了。累得不想动的我只好躺在椅子上休息，看着大家开始重新筑造他们的"巢"。

休息了一阵子之后，我见前面那家外国人似乎也泄气了，裹好身体准备撤退。我往前一跳，"扑通"一声就跳进了他们挖了一半的水池里。我们接下了这个"烂尾工程"，开始继续往下挖。挖着挖着，地热温泉从沙子的缝隙里汩汩地冒了出来，我的腿脚被泡得重新恢复了红润。我大喊着"妈妈，我又找到热泉了，这里的水更热！"妈妈和我打算把"巢"筑得更坚固些，于是，我开始兴致勃勃地堆沙子。因为沙子是湿滑的，我脚下一滑，哇，烫死我了！原来，我踩到了泉眼的中心。我这一跳，又跳回了冰凉的海水之中。这一会儿冷一会儿烫的，让我像只无头苍蝇，可忙死我了！

算了，还是做个安静的"美女子"吧，工程就由爸爸妈妈来继续。终于，我们家的池子被热水灌满了。我慢慢躺下，把头靠在垫在沙子上的浴巾上，一边泡温泉，一边眺望着海景。我的脚轻轻地摆动着，热泉水溅到了我的小肚腩上。我觉得自己仿佛变成了一条美人鱼，正在热海里自由地呼吸……

　　我还想继续泡，可大人说，海水泡多了对皮肤不好，因此我很快就被妈妈拉上了岸。穿好衣服，收起工具，我从想象的王国回到了现实中。在返回的途中，我回过头，看到有几个人进入了我们几分钟前刚享受过的那个"巢"里。不知道，他们中有没有和我一样的中国孩子……

小警服的变化

陈宣岐

说起我们学校的学生现在穿的小警服，还有一段小故事呢。

话说，在我们学校的老校区，学生回家得穿过一条马路。当时没有交警叔叔帮我们指挥交通，为了同学们的安全，每到放学的时间，学校就会派出高年级的学生去指挥交通。慢慢地，这就成了我们学校的一项传统。学校索性引入了"小民警"的机制，从三年级开始，让学生穿着小警服执勤。每天都有一个班的学生会穿上小警服，协助值班的老师维持全校的纪律。

小警服的设计基本就是交警制服的翻版（嘿嘿，交警叔叔可没收我们"专利费"哟），只不过，左肩上不是写着"××市交警支队"，而是写着"西关实验小学雏鹰小民警"这几个字。制服配有黄色的腰带，还有一条佩带从左肩连接到腰带右侧，看起来多么的——酷！每天，执勤队站在小民警岗上，队长吹着哨子，真有气势！

这身衣服给我们带来了英姿飒爽的感觉，但是……因为这套衣服是完全仿照成人的制服设计的，女生穿裙子还没什么，男生就麻烦了，因为腰带是穿在裤子上的，要解开腰带才能解开裤子。高年级的同学还好，低年级同学常常出状况：有一次，一位小同学正在执勤，突然想上厕所了。他怎么也解不开腰带，裤子自然就脱不下来。他试了好几次都没有成功，越着急就越解不开腰带，等同学和老师来帮忙的时候，一切都晚了……

为了应对这种情况，学校又为我们专门设计了小警服的升级版，叫作"小军警服"。这一次，腰带系在外套的外面，不会再影响脱裤子了，腰带也由窄窄的黄色变成了宽宽的红色，远远望去，更有警示性。帽子也由蓝色变成了红色，帅！

下学期开学，我们就要穿着新的帅气的小军警服执勤了！我好期待呀！

爷爷家的年味浓

吕 鑫

　　我最喜欢在爷爷家过年了，因为爷爷家的年味最浓。

　　过年，我们一般想到的就是贴春联、放鞭炮、吃美食、拿红包，全家人聚在一起。在爷爷家过年，却有点儿不一样呢。

　　除夕中午，全家人都忙活了起来。爷爷把一幅很特别的画挂在客厅正中央的墙壁上，画上端坐着两位慈祥严肃的老人，身上的衣服就像电影里人们穿的长袍马褂，看起来颜色很土，样式有点儿特别，但让人感觉很是和蔼可亲。再往下看，画面上的房屋很古典，花草树木整齐茂盛。画上有一个很气派的大门，两边蹲着两只石头狮子。狮子非常逼真，头披卷毛，四爪强劲有力，神态盛气凌人。狮子前面有许多小朋友嬉戏打闹，有的放鞭炮，有的玩风车，看上去很热闹的样子。我好奇地问爷爷："过年为什么要挂这幅画呢？"爷爷很严肃地回答："这不是画，是茔，上面是我们的祖先，每年春节我们都要'请茔'回来磕头祭拜，一是缅怀思念，二是让老祖宗保佑我们后代世世平安幸福。"

茔挂在家里最醒目的墙上。茔的前面有一个供桌，中间摆着香炉，烟雾缭绕，香炉两旁放着很奇特的馒头。奶奶对我说那不是馒头，是圣虫。圣虫头部圆圆的，有鸡冠、黑眼睛、红舌头，身体像蛇一样盘起来。除了圣虫，还有大枣做的饽饽。饽饽的表面嵌入红枣，让人看得直流口水。我的小手刚刚伸向饽饽，立即被奶奶制止。"好孩子，现在还不能吃，过几天奶奶让你吃个够！"原来这些面品都是祭祖的。奶奶做的圣虫各式各样，有的放在米缸里，有的放在碗橱里，为的是来年五谷丰登、平平安安。

除夕晚上一过十二点，家家鞭炮齐鸣，礼花冲天。奶奶先把一盘热腾腾的饺子端来放在供桌上，上香后我们大家才能吃团圆饺子。这饺子馅儿里有大枣、栗子、硬币，谁吃到的多，谁福气就多。吃完饺子，我以为要睡觉了，可是爷爷说："大家休息一会儿，待会儿穿上新衣服，出去团拜！"原来，下一个节目是到长辈家挨家挨户磕头拜年。我心里还犯嘀咕，深更半夜的，人家不早就休息了？可是一出门，只见家家灯火通明，街上人流不息。让我更难以理解的是，有很多三四十岁的中年人称呼三四岁的孩子为"叔叔""姨""姑"，并且恭恭敬敬地拜年。我好奇地问爸爸为什么，爸爸解释道："在这里很讲究辈分的，辈分和年龄没有关系。"可直到今天我还在犯糊涂，三四岁的孩子是怎么混成长辈的呢？我们转了一家又一家，家家户户都热情招待，特别亲切，我一点儿睡意都没有了。我悄悄地拽着爷爷的衣襟问："这些都是咱们家的亲戚吗？"爷爷笑着说："是啊，五百年前就是真正的一家人。"

大年初一的凌晨，街上热闹非凡，到处都是欢乐声、祝福声，一派喜气洋洋的景象。让我更难以忘怀的是我兜里装满的红包和精致漂亮的糖果，这样的春节真是让我眼花缭乱。

这么浓的年味，你体验过吗？

爷爷家的年味浓

弟弟理发记

段佳宏

让弟弟理发真是比征服全世界都难，这小家伙死活不肯理发，于是就和我们"PK"了起来。

A 计 划

我和妈妈的A计划是用礼物诱惑他，先让他理完发，再给他买东西。我走到弟弟旁边，非常温柔地说："金金，你理完发有福利哟！"

弟弟眼前一亮，急忙问："什么福利？"

"可以给你买玩具、买水果哦！"

弟弟不屑地说："哼，我才不要呢，玩具我已经有很多了，都一箱子了，还买啊，再说，我今天不想吃水果。"

唉，A计划失败。

B 计 划

B计划呢，就是威胁他，不理发就不准看电视、玩电脑。

妈妈对弟弟大声说："段金宏，快理发！"妈妈的眼神中带着一丝愤怒。

可这个调皮的家伙，一直在床上边打滚边做鬼脸，淘气地说："不理不理。"说完还冲妈妈吐吐舌头。

"你再不理发一个月不许买玩具，一个星期不许看电视、玩电脑。"妈妈非常气愤地说。

"不看就不看，反正我不理！"

唉，B计划也失败了，弟弟真是难攻克啊。

C 计 划

C计划就比较简单粗暴了——直接把他"绑"到理发店去。

这个小家伙真是太机灵了，上蹿下跳，跳到沙发上，跑到床上，又藏在柜子里，一会儿和我们玩抓人，一会儿和我们玩捉迷藏。

"我就不信抓不着你这个小东西。"我不服气地说。

　　弟弟站在沙发上，哈哈大笑："看你们谁能抓住我。"可最终他还是没逃出我的手掌心，我们终于把他"绑"到了理发店。理发时，理发师把电推剪打开，放到弟弟耳朵旁边，慢慢地往上推，弟弟的头发就自然而然地掉下来了，此时的弟弟已经泣不成声，一把鼻涕一把泪，但还是一动不动，生怕刮伤自己。

　　终于理完头发了，我们也松了一口气，不由得感叹一句：让弟弟理发，真难！

六年级的味道

赵春蔚

六年级的味道，只用酸、甜、苦、辣四种，不足以表达。那是苦涩的，像没有了雪花飘飘的冬天，没有了童话的味道。

从那时开始，我发觉生活里没有了轻松。我独自面对众多的作业，星期天的作业是平日的几倍。因此，我不再用"童话般的假期"形容时光，也在作文中去掉了"生活中的点点幸福"之类的语言。我心里纳闷：星期天朋友们为什么不来找我了？我随手拿起帽子，用半天没说过话的发哑的嗓音喊："我出去了！"这句话好像很久没有说了。已经出来了，不管了！"凉粉！出来啊！"我歇斯底里地大喊"凉粉"，这当然是个外号，因为她总不爱搭理别人。可是今天我不想说这个，她走出来对我说："马上期中考试了，我要复习，再见！"虽然她经常这样，但我心里很生气。哼！不就是六年级了吗，为什么不能再快乐了？我也赌气地头也不回地走了。

还有很多作业，可是我好想玩。我走到妈妈面前，注意到妈妈看我之后问："妈，我能自由活动吗？""不能！"简单地应付后，她又添了一句："六年级了，要学会抓紧时间了！"我的心茫然极了：为什么以前总可以自由活动，现在却不能？快乐的生活没有了，我不甘心！"妈妈，不公平，我写了那么多作业，应该可以做些其他事情的……"我的语气弱了下来，渐渐都听不到了。妈妈当然不会示弱："要理由吗？六年级了！再不学习就晚了，小学的努力，就看这一年了，你必须学习！资料做完了吗？快去做！"她的语气有些生硬，但我并不想放弃，六年级也一定可以快乐的！

开学时发生了一件事，关于爸爸的，他的话让我记住了六年级没有幸福的童话。一天放学后，我并没有写作业，而是一直在看电视。天黑了我才开始写作业，看着沉重的作业，不禁愁起来。加油写吧！不知什么时候，身体越来越疲惫，天色也越来越暗。爸爸走过来了，皱起眉头开口了："你打算写到什么时候？""写……写完。"我支支吾吾地回答。"那怎么行呢？快去睡觉！""嗯，马上，一会儿就去，就一会儿！"我的用词变得不确切，他的脸色越来越不好，使我不禁感到害怕。我胆怯了，说："嗯，我现在就去睡觉！"爸爸又语重心长地说："你要把握好时间，六年级不可以松懈，只有好好学习，你以后才会幸福！所以，现在你一定要抓紧学习！"他说完就离开了。我默默地掉下了眼泪，一定，一定要努力，为了我的明天，我一定会努力的。

六年级给我的印象如此深刻，如此简单，也如此痛苦，真的没有幸福吗？不，其实那童话隐藏在生活的点点滴滴中，如果将它们凝聚，再加上一些烦恼，那将是一种奇特的味道——六年级的味道。

"儿童团长"不容易

徐涵讯

终于放假啦，我又可以自由自在地玩个痛快喽！

可第二天……

"叮咚，叮咚……"我刚拉开门，一支冲锋枪直指我的鼻尖，我乖乖地举起双手，投降呗！来人正是我那超级顽皮的表弟。他的必杀技——以柔克刚，以泪水化危机，每次总把我整得"遍体鳞伤"。想到此，我顿时心乱如麻。

"叮咚，叮咚……"又有小朋友上门。一个、两个、三个……呵，整整来了七个，整个一儿童团呀！

原来妈妈请几位阿姨来我家做客。她们久别重逢，嗑着瓜子，看着电视，聊着美容与时装……儿童团员们则有的扛枪，有的举刀，有的抢棒，各自"武器"精良，仿佛第三次世界大战即将开始。我呢，被老妈封为"儿童团长"。哼，我堂堂十一岁男子汉，对付几个小毛孩儿，还不是张飞吃豆芽——小菜一碟！

瞧俺团长：头围红领巾，身背自动枪，手持双截棍，脚踏风火轮——溜冰鞋，正百米冲刺般前往"灾区"——我的卧室。这里场面混乱，两个哇哇大哭，两个正打架，一个旁若无人地乱涂乱画……我大吼一声："干什么呢！"哇哇大哭的火速升级为鬼哭狼嚎；打架的对我视而不理继续战斗；乱涂乱画的只瞟了我一下，又专心致志地继续他未完成的宏伟大业……

首战败，出师不利也。硬的不行来软的。

我卸除武装，变成温柔亲切的哥哥，手捧一盒德芙巧克力，满脸堆笑，露出八颗牙齿，轻声说："亲爱的小朋友们，请安静，巧克力来也！"唉，俺真是门缝瞧人——把这群毛孩儿看扁了：尝遍高档零食的他们，区区巧克力岂能收买？根本就不屑一顾呀！我无奈地摇头……

此时，表弟眼珠一转，小手一挥，其余六个火速向我扑来——两个摁手，两个抱腰，还有两个趁机在俺脸上乱贴乱画。转眼之间，俺这花样美男成了花脸丑角……呜呜呜……表弟指挥的这场蓄谋已久的反击战取得了决定性的胜利。可怜俺以一抗七，再次战败也！

幸亏妈妈及时赶到，才平息了这场长达三小时的"徐家之乱"。

俺只能仰天长叹：做个儿童团长可真不容易呀！

爷爷家的年味浓

捕"鼠"记

陈紫懿

爸爸给我买了一只小松鼠。它有一身灰褐色的毛，两只小耳朵精神抖擞地竖在脑袋两边，似乎总在听着细微的动静，它的大眼睛又黑又亮，别提有多漂亮了。

听说我家来了一只小松鼠，我的死党曹栩涵可来劲儿了，非要到我家去看看。小松鼠歪着小脑袋，扑闪着乌亮的眼睛左瞧右瞧，似乎在打量着这个不速之客："你是谁呀？怎么从来没有见过你呀？"看着那可爱的样子，曹栩涵不由自主地伸手去抚摸它。起初她只是轻轻地摸，后来她情不自禁地捏了一下小松鼠的耳朵。也许是受到了惊吓，小松鼠竟然一下子从笼子里蹦了出来，转眼间就不见了踪影。我们先是一愣，不过马上便明白了要干什么——抓松鼠。

小松鼠去哪儿了呢？我温柔地喊着："鼠鼠，快出来哦，我给你松子核桃吃哦！"小松鼠不吃我这一套——松子诚可贵，核桃味更美。若为自由故，二者皆可抛。软的不行来硬的吧。曹栩涵凶巴巴地吼着："快给我出来，不然，哼哼！"故意装凶的声音骗不了机灵的小松鼠，我感觉它一定在某个角落里嘲笑我们呢。

偌大的房间里静悄悄的，怎么办？三十六计之"打草惊蛇"马上上演。我们各拿了一根晾衣竿，在地板上、凳子上使劲地敲敲打打，嘴里还不停地"汪汪、喵喵"地叫。嘿，这招还真管用，巨大的声响吓坏了小松鼠，它一下子从冰箱后面蹿了出来，像一道褐色的闪电，转眼间就冲到了卧室里。小松鼠惊慌失措地钻到了床底下，紧接着又跳上了床，床上立刻出现了两行小黑脚印。糟糕，给妈妈看见了可少不了一顿骂了。眨眼间，小松鼠又逃到了阳台上。阳台上有爸爸心爱的茶花，花儿开得正艳，只见小松鼠左穿右插，顷刻间花瓣纷纷洒落，一片狼藉。完了完了！等老爸回来还不得和我妈来个"混合双打"啊！

屋漏偏逢连夜雨啊，就在这时，老爸回来了！见我们手忙脚乱地抓松鼠，他顾不上责骂我，迅速加入了我们的"抓捕战斗"。姜还是老的辣，机灵的老爸从厨房拿来塑料篓子，算是给我们配备了捕"鼠"工具。爸爸让我们关上阳台的门，就是嘛，缩小了抓捕范围不就可以来个"瓮中捉鳖"了吗？

我们三个人步步紧逼，包围圈越来越小。小松鼠躲在一个大纸盒子的后面一动不动。我眼疾手快，塑料篓子暗器一般飞过，扣住了！紧接着，我随手拿来爸爸晒在阳台上的臭鞋子牢牢压上。小松鼠瞪着无辜的双眼看着我们，好像在说："小主人，我不就是随便溜达一圈嘛，你们干吗这么兴师动众啊？"

　　抓捕战斗在我们气喘吁吁中结束。从此，我的小松鼠有了绰号啦，我们都叫它"坏坏"。

爷爷的三轮车

李翊君

　　三轮车，在农村是一种常见的交通工具，对我来说也是那么熟悉，因为我是在爷爷的三轮车上长大的。小时候，爷爷常常骑着三轮车带着我和妹妹去串门、逛街；上学了，三轮车成了专门接送我们的工具。

　　每天早晨，当清脆的车铃声响起的时候，我们便踏上爷爷的三轮车，一路晃悠着去上学。傍晚，在校门口，我们总是开心地扑向爷爷，三轮车也发出欢快的响声。

　　可是，岁月总是那样不饶人，三轮车渐渐旧了，爷爷也一点点老去，他的脊背也不再挺拔了。

　　那天雾很大，爷爷照常带我和妹妹去上学。当雾水沾上爷爷的眉毛时，我觉得爷爷一下子苍老了很多。在白茫茫的大雾中，爷爷那佝偻的身子弯成了一张弓，双脚因用力而显得格外单薄。我突然间发现我是那么不懂事，好几次，当爷爷气喘吁吁地把我们送到校门口的时候，我却因为他骑得慢而很不开心。雾气顿时蒙上了我的眼睛，于是我跳下车子，轻轻地帮爷爷推着。机灵的妹妹见了，也跳下了车，对我说："姐姐，我帮你！"爷爷转过头，看见我们的样子，连忙心疼地叫我们上车，还故意板起了脸吓唬我们。我知道，爷爷是怕我们累着。从那以后，我就和妹妹悄悄地约定，每天轮流给爷爷推车子，好让爷爷轻松些。

如今的我已经五年级了，再也不用乘坐爷爷的三轮车去上学了。但是只要一有空，我就会坐在三轮车中，听着车子那"吱呀吱呀"的声音。

三轮车，载着爷爷给我们的爱，一路走来。这份爱，简单却又厚重。爷爷，我长大了一定要好好报答您！

走进音响世界

黄黎阳

大自然的音响无处不在，让人陶醉，让人享受。现在让我们闭上眼睛走进这奇妙的音响世界，尽情去领略它的"万种风情"吧！

"呼——呼——"风狂妄地吹着大地，其悲切、空寂、战栗的咆哮声，将小树吹得东倒西歪，将尘土吹得漫天密布……"轰隆隆——"随着一声惊雷，雨开始淅淅沥沥地下起来，像一首美妙的歌曲，萦绕在人们的耳边，缓缓地流进人们的心田。

"哗哗哗……"不知不觉中，雨下大了，放眼望去，仿佛给大地挂上了一层薄薄的帘子。小草小花们忘情地在雨中跳起了舞蹈，小树们贪婪地吸吮着雨水的甘甜……那一刻，万物静寂，只有雨水滴在树叶上的声音，"滴滴答答"，就像一个个音符跳入大自然的乐曲中。

　　"沙沙沙……"雨渐渐小了，飘飘洒洒的雨丝轻柔地将大地笼罩着。此时，勤劳的农民伯伯已迈出家门，来到田地里照看庄稼；孩子们也相继奔出家门，来到池塘边捉鱼、摸虾；耐不住寂寞的小鸟也飞上枝头，一边抖动被雨水浸湿的羽毛，一边欢快地叫着，仿佛歌唱着雨中的畅快。

　　总之，大自然赐予我们的音响是丰富的。有"哗哗"的流水声，有孩童们银铃般的笑声，有高空中大雁的鸣叫声，有田间地头的蛙叫声……来吧，朋友！我愿牵着你的手，陪你一起走进这奇妙的音响世界。只要我们用心去倾听，就一定能感受到它的美妙。

精彩的足球赛

张博闻

开学第二天的下午，老师一宣布下课，我们便欣喜若狂。因为马至远带来了巴西队专用的足球"桑巴荣耀"。

一下课，我们便冲向大草坪。欢呼声引来了七班同学。于是，我们六班vs七班的一场大赛正式开始。

我们队先开球。我先使出"带球突破"技能，连过七班三名防守队员，但前面出现了敌方"人墙"，我只好把球传给了右翼的郑晗章。郑晗章也不是等闲之辈，连过数人之后，也被迫把球传给了黄一凡。就这样，七班的"人墙"防守阵型使得我们难以出招。就在这时，七班"人墙"露出一道破绽，说时迟，那时快，我方大将万锐捷使出了"火焰射门"技能，大力抽射出一个漂亮的旋转球，眼看球已经"逃"过了守门员的手掌心，可那位"糊里糊涂"的敌方守门员跑错了位置，却歪打正着，将球挡出了大门。七班队员防守十分强悍，我们的进攻根本起不到丝毫作用。我方恼羞成怒，派上后防队员，一起参加进攻。可七班的球门仍岿然不动。同时，我们也犯了"兵家大忌"，防守线不能退出半场啊！敌方守门员一守到球，便大脚传给了正在前场的七班队员，当我们回过神来，刚想回救时，球已经进了球门。

粗心大意的我们这才警醒过来，把后防线推后，冷静应对。敌方也不是没有破绽，他们自傲得很，于是我们利用他们的傲气来攻击他们。但是，他们的对策也改变了，只要防守守住了，就可以获胜。这让我们更加难以进攻。进攻两三分钟，才发现我们的策略根本不生效。我瞄了一眼手表，只剩十分钟了！我们又更改了一套策略，这套策略实在是一个完美的连环计，我们每个人的脸上都露出了笑容。

下半场开始了！我们按照事先安排好的策略行动。一上场，我们便装作上半场踢得太累了，跑步都变慢了，这更激发了对方的骄傲情绪，他们更加放肆地进攻了起来。我们心里暗暗想：哈哈，他们总算上钩了。我们转攻为守，七班虽然人多势众，气势汹汹，可我们丝毫没有被他们的气势吓倒。我开始动员："大家顶住，一定要顶住！"就这样，我们团结一致，一心死守球门，这回七班的人可惨了，他们每个人都累得上气不接下气，我们却越踢越强。他们有位队员见形势不妙，大喊一身："防守！”可这时，他们已经无能为力了。我们士气高涨，嘴里大喊着："兄弟们，冲啊！冲啊！"七班的体力渐渐降为零，气势下跌，兵败如山倒。虽然他们有人墙阵势，但也斗不过我们了。我先带球突破，七班也不甘示弱，使出最后一丝力气，意图防守。可我们精力旺盛，他们哪里顶得住啊！我先使出"倒挂金钩"传球，传给了郑晗章，郑晗章也使出了"大力抽射"技能，球进了网。此时，比分已经成为 1∶1，离上课只有五分钟了，我们又开始加强进攻了。七班同学抓住最后一丝机会，从我们的重重包围中突破出来，单挑我们的门将——朱焯然同学。此时，我们的心都提到了嗓子眼儿。他们射门了！我们的门将朱焯然向来神勇无比，守门极其强悍，这一次也成功守住了球门。我们逃过了一劫，敌方最后的一点儿希望也破灭了。我们继续全力进攻，此时，敌方的体力已经完全耗尽，他们只能束手就擒，等待失败的到来。

"丁零零，丁零零……"上课铃声响起，我们最终以 3∶1 大胜七班。耶！这次胜利有两个原因：一是我们团结一致，二是他们太骄傲了。俗话说得好："三个臭皮匠，顶个诸葛亮。"所以，我们以后做事一定要与同伴团结一致，不能骄傲哦！

我们班级的"官"们

吴　越

　　进入新学期已经近两周了，深入班级中，我才发现六年（3）班是一个多姿多彩、快乐缤纷的乐园。因为这里有着一些无私奉献的学生"官"们，有幽默的"水官"、小气的"灯官"、苛刻的"衣官"……

早到的"门官"

　　清晨，学校里第一个亮灯的班级总是我们班，因为我们班有个爱早到的"门官"。老师对班级同学采取的是奖励积分的鼓励方式。凡是早早入班、打扫好班级卫生、完成学习任务的同学，就能获得加一百分奖励。这种奖励方式调动了同学们的积极性，大家都想得到加分。我想自己是住校生，饭后只要迅速完成其他活动任务，早早赶到班级根本不是问题。第二天早晨，我兴冲冲地赶往班级，刚转过楼梯，就发现教室门开着呢。"咦，难道昨晚值日班长忘了关门了？"带着疑惑我快步走进教室，原来"门官"早早地就到了，并且把班里卫生打扫得干干净净，正在认真地学习呢。倒霉啊！碰到了一个勤快好学的"学霸"，她就是"门官"——丁雨涵同学。

改邪归正的"领操官"

以前每次大课间，我们班都乱成了"一锅粥"，当天的值日班长很是头疼。

一天，老师突然提拔朱锦秋同学担任"领操官"，令我疑惑不解。他很强壮，但不守纪律，也曾是我们班的三操比赛冠军。带着不解，我暗暗观察他。领到任务后他很认真，班级列队整理得整整齐齐，要求不能在队列中随便说话，领操示范很到位。在他的带领下，班级秩序明显好于其他班级，为我们班赢得了荣誉。"吴越，你想什么呢？都走偏了，站不齐了！"不说了，被"领操官"点名了。这就是我们威风凛凛的"领操官"。

铁面无私的"分菜官"

连续上了四节课，我已经是饥肠辘辘了，急切地排队进餐厅吃饭。闻着香味寻去，哇！居然是我喜欢吃的杏鲍菇。"分菜官"给我舀了一勺后，我狼吞虎咽，一会儿就吃完了，我就找"分菜官"协商能不能再给我点儿菜，他满脸严肃地说："每个人都一样多，怎么能多给你呢！""哎哟，下次的牛肉丸我少要点儿还不行吗？给一勺吧？"他板起脸看着我："不行，要做到公平公正。"得，便宜没有占到，挨训受教育一次。这刻板的"分菜官"简直就是"现代版包公"。他就是我们班写字最快且铁面无私的"分菜官"——刘润东同学。

看到了吧，这些勤奋上进而且处事公允的"官"们，为班级生活注入了生机，也是我们大家学习的榜样。

吓了小鸡撞了狗

邢国豪

清晨在外婆家，我睡得正香，突然被院子里一阵杂乱的声音吵醒。

站在门口细看，此时的阳光早已爬上了山头，院子里显得热闹非凡。两只公鸡早已上蹿下跳打斗起来，打得是面目全非，眼睛发红，双方"咯咯"叫着，连正在它们旁边啃鱼头的小猫都没有留意到。

一只公鸡的双爪正好踩在小猫的尾巴上，小猫"喵喵"惨叫几声，向一旁奋力跃起躲开，没想到双脚刚一触地，碰到了正带着十几只小鸡散步的母鸡妈妈，鸡宝宝被眼前的景象吓得不知所措，纷纷往鸡妈妈的翅膀下钻，并"叽叽叽"地叫个不停。鸡妈妈双翅微张，没等小猫反应过来，就狠狠地在它屁股上连啄三口。

这次小猫更疼了，躲开跃起的姿势也更高。可是太巧

爷爷家的年味浓

合啦！这次小猫正好又落在了一只横躺在地上呼呼熟睡的大黑狗肚子上。大黑狗"嗷"的一声，身体像弹簧一样猛地跳起来，对着小猫龇牙咧嘴"汪汪"地狂叫起来。

小猫感觉到了大黑狗的狰狞，赶忙又跃上了旁边鸡窝的顶部，天啊！它没有想到，它去的那个地方也是危机四伏，上面有一只母鸡正在下蛋。此时的母鸡"面红耳赤"，刚想把产下来的蛋再好好暖暖，小猫的"造访"让它极为恼火，对着小猫的身体就是"喳喳喳"狠狠三下，并从鸡窝上拍打着翅膀跳了下来，还"咯咯嗒，咯咯嗒"叫个不停。

小猫此时已经变成了"惊弓之猫"，晕头转向，把猪圈旁的两只小山羊撞得惊慌失措，随后跳进了猪圈里。小山羊在里面"咩咩咩"叫个不停，山羊妈妈急了，一个箭步跳到猪圈的围墙上，因救子心切，不小心把围墙上外婆刚煮好的一盆猪食给踩翻了，一大盆热乎乎的猪食正好浇在了老母猪的背上。老母猪"嗷……哼……"一阵猛喊，用力地边甩耳朵边向四周走动，小猪们更是乱了神，聚在一起"吱吱吱"地呼喊着。牛棚里的大黄牛似乎也受到惊吓，"哞……哞……"地喷着粗气，也喊起了口号。

这时外婆从厨房拿了一根长棍出来，一会儿赶鸡，一会儿打狗，一会儿追羊，一会儿骂猫，一会儿哄猪……此时院子里鸡飞、狗叫、羊咩咩、猫喵喵、牛哞哞、母猪哼哼叫，汇成了一首美妙的乡村交响曲。

偷梦的精灵

我家的破坏狂

杜子硕

一身巧克力色的皮毛，一对水汪汪的眼睛，小巧玲珑的嘴巴里一截粉红色的舌头，再加上一团绒球似的尾巴，凑成了我家活泼可爱的泰迪狗——皮皮。

你可别被它漂亮的外表所欺骗，它可是名副其实的捣蛋鬼，标准的破坏狂。它什么都想咬，我每双鞋子上细碎的小洞都是它的功劳，桌子腿被它的牙齿刻画成连艺术家也赶不上的"艺术品"，沙发上的坐垫被它掏出了"内脏"，它连自己喝水的铁盆也不放过，在它的不懈努力下，铁盆早已被扭成了奇怪的形状。

它最喜欢在我的床上玩，一眼看不住它就蹦了上去，把床当成运动场，疯狂地来回跑着，低头叼起我的枕头左右乱甩，然后前爪按在枕头上，叼起来使劲一扯，"刺啦"一声，枕头被撕烂了……为了这它不知挨了多少回鸡毛掸子，可它就像一个调皮的学生，从来不知悔改。

有一天中午，我关着门睡觉，突然听到客厅里又有撕咬的声音，打开门一看，原来，它趁大人不在家，不知用什么方法把柜子上平时用来打它的鸡毛掸子叼了下来。它把头低低地压在前爪上，屁股高高翘起，龇牙咧嘴冲鸡毛掸子"呜呜"地威胁着，扑上去又撕又咬，又扯又叫，好像在说："小样儿，叫你凶，我还收拾不了你？！"很快，屋子里就飘满了鸡毛，鸡毛掸子变成了伤痕累累的"光杆司令"。我大喝一声，皮皮身子一僵，随即在屋子里兴奋地转圈疯跑，撞翻了小椅子，还撞在我身上，踩过我的脚，激起的鸡毛在空中飞舞，它顶着几根鸡毛从门缝里挤出去一溜烟儿没影了。

这真是一个切切实实的破坏狂，我都不知道拿它怎么办才好。

大 公 鸡

谢奕翔

我家有只大公鸡。它身穿五彩斑斓的外衣，鲜红的鸡冠犹如一团燃烧的火焰，乌黑发亮的弯尾巴，使它看起来英俊潇洒、帅气十足。嗬！真不愧是公鸡王国的"帅哥"。

大公鸡什么都好，就是脾气倔，不讲理。一次，我端来一盆鸡食，鸡们蜂拥而至，大公鸡称得上是鸡族中的运动健将，数它最快，它凭借自己的大力气，占领了吃食的最佳位置，把母鸡们挤到一边，不让吃。有的母鸡不识趣地跑来偷吃，大公鸡可一点儿也不宽容，狠狠地啄它的背，直到鸡毛纷飞，母鸡落荒而逃。我实在看不下去了，决定替母鸡打抱不平，修理一下这个"大恶霸"。我轻轻地打了它一下，这下大公鸡可恼了，也不顾我是它的主人，"咯咯"地叫着，扑扇着翅膀，向我扑过来。

西班牙有人斗牛，我今天可要斗鸡了。还没等我反应过来，大公鸡已经开始进攻了。它扬起"芭蕉扇"（鸡翅膀），顿时"飞沙走石"向我袭来。真是厉害！我只好向后退。它见我有些慌，显得更傲慢了，对我穷追不舍，一面扇着"芭蕉扇"，一面用弯刀似的尖嘴啄着我的腿，这可是大公鸡的绝招之一——夹肉术。我快招架不住了，忙去搬救兵。

我跑进屋请来妈妈，公鸡一看是个"巨人"，不敢轻举妄动了，真是个欺软怕硬的坏家伙。不过它悄悄地用了又一绝招——恶心术，它拉了一泡屎。然后脖子一伸，胸脯一挺，大摇大摆地走了。走了几步，它回过头拍了拍翅膀，好像在神气地说："怎么样，我够厉害吧！"无奈，妈妈只好放了大公鸡一马。

大公鸡虽然不讲理，可它很尽职。不管刮风还是下雨，天一亮，它就准时报晓，比我的小闹钟还机灵呢！我也不愁上学会迟到了。

我家的这只大公鸡就是这样既可气又可爱。

冬日印象

李思维

每个人的心里都有着不同的冬天，都会对冬天留下不同的印象，我对冬日的印象是纯洁寒冷而又热情奔放。

正月初六，我和妈妈从温暖宜人的三亚回到了山东老家。老天非常眷顾我们，当晚就纷纷扬扬地飘起了雪花，一朵朵，一片片，晶莹如玉，洁白无瑕，像天上的仙女向人间播撒花儿，传达着春天的祝福。带着对童话王国的期盼，我渐渐进入了梦乡。

蒙眬中，我好像听到一些人在"高谈阔论"，还伴有"唰——唰——唰，咔——咔——咔"的声音，这些人在干什么呢？满怀好奇，我起身隔窗一看——哇！外面白茫茫一片，真是"忽如一夜春风来，千树万树梨花开"！小区的马路却很干净——原来是街坊邻居在扫雪。我问妈妈："怎么这么多人来扫雪？他们扫雪挣钱吗？"妈妈笑了："他们哪里是挣钱啊，这都是很多年的习惯了。妈妈小时候，每当下了雪，村里的人就会自觉地扛着扫帚到大街上扫雪，现在虽然都搬到楼上住了，可是这个习惯一直保留了下来。你看你姥姥姥爷也在扫雪呢！"

我赶紧拽起妈妈，也要去参加这项"公益活动"。可是等我们出去后，大家都已经回家了，于是我和妈妈干脆随处走走，欣赏这冬日美景。

整个小区非常漂亮，银装素裹，纯洁优雅。太阳出来了，雪后的太阳似乎拉近了与人的距离，显得格外清晰，格外耀眼。可阳光的温度好像被冰雪冷却过似的，很是清冷，我忍不住又裹了裹棉袄，拽了拽帽子。草坪上盖了一层厚厚的"天鹅绒"棉被，生命在棉被下孕育力量，静等春风来把它们唤醒。我和妈妈信步来到小区外面，走着走着，一片小树林使我们停下了脚步。那落光了叶子的树枝上挂满了毛茸茸、亮晶晶的银条，四季常青的松柏堆满了蓬松松、沉甸甸的雪球。难道雪精灵是怕这些小树耐不住冬天的孤单寂寞，故意化作飞花来陪伴它们？不远处有一群和我差不多大的孩子正在追逐玩耍，有的堆雪人，有的打雪仗，奔跑中碰到了树枝，又是一阵纷纷扬扬，他们像是在玉屑中穿梭。我忍不住跑过去加入了他们的行列，我们的欢声笑语，穿过树林，飘向远方……

雪是我冬日印象里不可缺少的一部分，白色是谱，寒冷是调，飘洒飞扬是她的音高，伴随着人们的热情和希望，雪唱响了这个冬天！

偷梦的精灵

区锦艺

　　一天晚上，一个偷梦的精灵来到一个睡着了的小男孩儿的房间里，轻轻地拿走了他的梦，送给了辗转难眠的老爷爷老奶奶们。梦的模样像一个大大的蜘蛛网，半透明状，轻轻薄薄的，还可以小心地折叠起来呢。精灵会拿走许多孩子的梦，有时，她也会顺便带走树木、花朵、蜜蜂、蝴蝶甚至是小蚂蚁们的梦。

　　这天晚上，梦精灵的口袋鼓鼓的，又一次满载而归。经过一个房间时，听见有孩子的哭声，她走近窗子，看到一个小男孩儿躺在床上，一直嘟囔："妈妈你在哪儿？快回来吧，我可想你了。"男孩儿的眼泪把枕头都打湿了，可是房间里没有一点儿回声，孩子哭得更伤心了——显然，这个孩子也是刚刚把梦弄丢了，或者说，让其他精灵给偷走了。

于是，精灵从口袋里拿出花朵的梦，轻轻丢进去，房间里顿时充满了鲜花的香味，她又用魔法变出很多蝴蝶，然后，精灵愉快地欣赏着自己的杰作：漆黑的天空像是开了一扇小窗，一束神秘的光照射到小男孩儿的脸上，小男孩儿开心地和蝴蝶玩耍，他们在花香中嬉戏。他不哭了，脸上的花儿也盛开了。

第二天早上，小男孩儿起来告诉妈妈，昨晚做了一个美梦。妈妈点了一下他的脑门儿，轻轻地亲了孩子一口，说："真是个傻孩子啊。"

请相信我，真有这样一个可爱的偷梦精灵哦，说不定哪一天，你也会幸运地遇见她。

大 胃 王

邱昊天

随着优美的音乐铃声响起，到了午餐的时间。大家抓紧最后的几十秒做作业，很不愿意放下手中的笔；但也有个别例外，立即丢下笔，三步并作两步蹿到走廊站定，很不耐烦地朝教室内喊："快点儿出来排队，走了啊！"

这群人中有个身影特别引人注目：宽大的衣服被肉塞得鼓鼓的，似乎稍一使劲就会爆裂，又粗又短的脖颈儿都胖没了，圆滚滚的脑袋就像直接安在肩膀上似的。他就是我们班的大胃王——朱豫宁。

到了餐厅，同学们各自找好座位坐下。大胃王可不是浪得虚名，他迫不及待地打开餐盒，又把鼻子凑过去深深吸了一口气，霎时，陶醉的表情漾满了他胖嘟嘟的脸，眼睛都眯成了一条线，似乎在用鼻子品味什么山珍海味。

大胃王就是与众不同，他没有急着吃饭，而是饶有兴致地用手抓起一条豆腐肉丝中的肉，然后迅雷不及掩耳，"唰"地丢进了嘴巴，动作敏捷，身手不凡。转眼间，肉丝被他挑了个精光。

大胃王瞥见盛汤的仅两三人，便快速地起身去盛咸菜汤。他用汤勺在桶底搅动，等咸菜浮了起来，才捞了好多。他端着满满一碗咸菜，伴着一丁点儿汤回到座位上。

他把一勺饭塞进嘴里，接着又是一大勺，努着鼓鼓的腮帮子，两三下就咽了下去。他边吃边扫视别人的碗里，流露出期许的目光，似乎在说：谁有不喜欢吃的菜，给我好了。真有邻座的两位女同学不喜欢吃爆鱼，问他要吗？这可正中他下怀，乐得他连连点头。

同学们陆续吃完离开，只剩下我们的大胃王，他慢悠悠地走到饭桶边上，又盛了满满的一碗……

真不愧是我们班的大胃王啊！

家里的一场戏

姚雨蓝

明天是星期天，今晚我不想写作业，苦苦地"哀求"妈妈，但她始终没有松口。可是，突然停电了！哈哈！真是"天助我也"！这下可把我乐坏了。

现在才晚上七点半，我随手拿起了电瓶灯，一边照着自己的脸，一边做着鬼脸，跳到妈妈的身边，故意用恐怖的声音叫了两声："妈——妈，妈——妈！"可把妈妈吓得不轻，她死劲儿捶打着爸爸说："看你女儿，快，快把我吓死了。你还管不管？"爸爸转身对我说："现在罚你给妈妈逗笑，否则后果自负。"

我也不敢怠慢，马上行动起来，眼睛一转便有了主意。我把电瓶灯放在桌上，清了清嗓子说："亲爱的女士们，先生们，大家晚上好！我是主持人兼演员，第一个节目我要表演上海说唱《金陵塔》，掌声欢迎！"我一板一眼地唱了起来："金陵塔，塔金陵……"一曲唱罢，爸爸倒是在鼓掌，不时还推推妈妈，可妈妈仍一本正经地闭着嘴强忍着。

第一招显然力度不够。第二招来个更猛的，我又说："第二个节目演唱山东版的《情深深雨蒙蒙》。"爸爸一听这歌名就笑了，可老妈还是眉头紧锁。我捏住鼻子唱了起来，唱着唱着，气也透不过来，这回妈妈倒是微微笑了一下，不过，离我的目标还远着呢！

我不达目的誓不罢休，趁热打铁，接着说："最后表演的节目是小品《白土黑云》。"我从小就特别会模仿，再说这个小品也看了N边，自然不在话下。我那一举一动有板有眼，活脱脱像个小老太太。我不停在白云、黑土两个人物之间来回串演，强忍着笑的妈妈终于大笑起来。

就在我演出圆满结束的时候，突然来电了。呵呵！一次停电，家里竟演出了一场戏，而且这么曲折、生动、有趣……

一把老蒲扇

倪轩知

奶奶的床边挂着一把老蒲扇，就是那种常见的葵扇。听奶奶说，它的年龄比我还大呢，扇面发黄，扇边也磨破了，奶奶用布条儿把它包缝起来，扇柄上还扎了细细的藤条儿。

前几年，我家搬了新居，爸爸把老蒲扇丢进了垃圾箱。奶奶把它像宝贝似的又捡了回来，还不停地抱怨着："它伴随了我这么多年，留着以后还有用。"

转眼间，又是盛夏了，三十七八摄氏度的连续高温，连电风扇吹出的也是暖风。家里装了空调，晚上，我们请奶奶到空调下享受。没有想到，奶奶身体本来虚弱，一夜过后竟感冒了。

第二天，奶奶服了药，躺在床上。爸爸妈妈都上班去了，只剩下我和奶奶在家，照料她的任务自然落在我的身上。看着奶奶难受的模样，我端来了一盆凉水，拿湿毛巾敷在奶奶的额上降温。可天气又这么热，空调和电扇也都不能开，怎么办呢？我想起了奶奶的老蒲扇，赶紧拿来轻轻地为奶奶打扇。

时间一长，我的手酸了，人也困了，上下眼皮直打架。此时，想起妈妈曾经说过，我小时候，奶奶常常抱着我，用这把老蒲扇为我扇凉。我睡着了，奶奶把我抱到床上，又用它为我驱赶蚊子。想到这些，我始终没有停下来。奶奶安然睡着了，我握着老蒲扇，一直扇啊，扇啊……

我看着手中的老蒲扇，自言自语地说："老蒲扇呀老蒲扇，过去，奶奶用你为我扇凉驱蚊，今天，我又用你照顾奶奶，你真成了我家的'传家宝'了。"

一场掰手腕大赛

赵星童

清明节，我们去平峦山踏青，到了山顶的小凉亭，大家坐在石桌前吃薯片喝饮料。

这时，我爸爸跟范桂馨的爸爸比掰手腕。我看得眼馋，也要跟爸爸比。他说："大人跟小孩儿比没意思，要不，你跟馨馨比吧！"范桂馨比我小两个月，还是个女孩子，不过，她生得壮实，足足比我高了半个头。关键的是，她肯定不会像爸爸一样让着我，万一我输了，该多没面子啊！

我正在犹豫中，爸爸使出了激将法："小小男子汉，跟小女孩儿都不敢比，刚才还缠着要跟我比呢。"停了一下，又说，"参与者有奖，奖一根小雪糕；最后获胜者奖一根大雪糕！""好啊！"范桂馨和邓燕兮都欢呼着冲到了石桌前。

邓燕兮太小了，她才上一年级，显然不是范桂馨的对手，很快就败下阵来。范桂馨快乐地扭着腰，口里唱着："雪糕、雪糕，我爱你！"为了大雪糕，我也豁出去了，挽起袖子掰住了范桂馨的手掌。我使劲压范桂馨的手，但她也不是省油的灯，不甘示弱地与我较着劲儿。大人们在旁边齐声为我俩加油。

时间一久，范桂馨个儿大显现出优势，我的手臂越来越酸，慢慢地向她那边倾斜，情急之下，我计上心头，一只脚对着她的脚踩去。范桂馨没有防备，"啊"的一声，手臂软下来，我趁势将她的手腕压在了桌面上。

"我赢啦！我赢啦！"我激动地跳了起来。范桂馨气鼓鼓地说："不算不算，你赖皮。"我说："兵不厌诈，你懂不懂？再说，比赛规则说不准用手帮忙，也没说不让脚帮忙呀！"

范桂馨说不过我，追着要跟我再比一次。嘿嘿，我当然不会再跟她比啦！那根大雪糕，最后被我、范桂馨、邓燕兮，一人咬一口分着吃掉了。

偷梦的精灵

龙 潭 之 歌

姜宇航

又是一个美好的星期天，太阳轻轻拨着琴弦，洒下一束束温暖的阳光。在这温暖的阳光下，我要去聆听龙潭之歌。

鱼 之 舞

进入龙潭公园，先看锦鲤。龙潭湖水犹如一只晶莹剔透的翠玉盘，上面雕刻着一条条活蹦乱跳的锦鲤。伴随着撒下的鱼食，绿色的湖水中立刻就挤满了红、黄、橙、白、黑色的鱼儿，层层叠叠的，煞是壮观！它们欢快地甩动着尾巴，跳起了一曲曲奇妙的舞蹈。不一会儿，湖边便挤满了男女老少，他们都在欣赏鱼之舞呢！

荷 之 韵

　　走在柳树低拂的小路上，听着树上小鸟的歌声，不知不觉间我就走到了荷花池。踩着池中的一块块石头，就可以到达湖中小岛。在小岛边上，青年人、老年人与小孩儿都在钓鱼，呀，上钩了，鱼儿摆动着，真不亚于那锦鲤之舞。小岛的周围，一朵朵荷花盛开着，我真正感受到了"接天莲叶无穷碧，映日荷花别样红"的意境。荷花虽"出淤泥"却"不染"，依然保持纯洁的心灵。人们因为仰慕它的美丽、它的素雅，所以也喜欢上了它的朋友——又绿又大的荷叶，它们像一个个护花使者，守卫着荷花，保护着荷花的美丽，这是多么无私的精神啊！

水 之 歌

　　乘一叶小舟，在平静的湖上游荡，脚轻轻地踏着船，感受着湖水的清凉和美好；手轻轻地拨着水，就像在弹琴一样。"叮咚、叮咚"，湖水开始了属于它们的演唱会。不知从何处飘来一曲优美的笛声，仿佛是在给湖水的演唱伴奏呢。

　　鱼儿甩起尾巴，曼妙地舞着；湖水恬静优雅，静静地唱着；荷花绽开笑脸，惬意地笑着，它们在一起，灿烂了整个夏天。

爸爸手臂上的"梅花烙"

闵　菲

　　爸爸的手臂上怎么会有"梅花烙"呢？莫着急，请听我给你娓娓道来。

　　"吃饭啦——"一阵熟悉的声音传入耳中，我急匆匆地来到厨房。"真香！"我情不自禁地喊道，往饭桌上一瞧，"哇，原来有我最喜欢吃的糖醋鲫鱼啊！"我二话不说，拿起筷子就吃。"怎么有点儿苦？"我一边吃一边思索着哪儿不对劲。呀！鱼子怎么"背黑锅"了？我连忙问爸爸："爸，那鱼子怎么焦了？好难吃呀！"爸爸走了过来，拿起筷子尝了尝。就在这时，我看见爸爸的手臂上多了三个小红点。咦？这是什么呀？是弄脏了还是不小心被彩笔点的啊？我伸出小手摸了摸。"痛……"爸爸小声说道，但还是让我听到了。我便装成大人似的，两手叉腰，质问爸爸："这是怎么回事？""唉，也没什么，我刚刚用油煎鱼，谁知将鱼放入油锅的一刹那，鱼子先从鱼肚中滑进了滚烫的油中，鱼子被热油炸了个满天飞。我连忙用右手关掉了燃气灶，左手拿起锅盖向锅上盖去，可还是有一些调皮的鱼子蹦到了我的手臂上。就这样，留下了三朵红彤彤的小梅花……"我轻轻抬起爸爸的左手臂，用嘴吹了吹，问："还痛吗？"爸爸摇摇头说："不痛了，赶紧吃饭吧。""爸爸你今天烧的鱼最好吃了，你也尝一口。"我夹起一大块鱼肉放进爸爸的碗中。

看来，我得快快长大了，要学会做好多好吃的菜给爸爸吃。

那"三朵梅花"烙在爸爸的手臂上，也深深地烙在了我的脑海中。

那盆紫色风信子

蒋明丽

清晨，风儿送来一阵淡雅的香味，阳台上的紫色风信子在风中轻轻摇曳……

我伸了个懒腰，来到阳台上，用力呼吸着清新的空气，阵阵清香钻入我的鼻子。这盆风信子是我的心爱物，因为它是爸爸送给我的……

"老爸，你还好吗？我想让你从江苏给我带几株花回来。我对花特别痴迷，我喜欢养花，亲爱的老爸，满足我的愿望吧！"我拿着手机给爸爸发了条信息，并满怀希望地等待老爸回来。盼啊盼，老爸终于被我盼回来了。

老爸从背包里拿出一些错杂的草根似的东西，轻轻放在地上，拂去沾在上面的泥土，对我说："你看，这些是风信子的根，只要你把它栽到花盆里，好好照顾它，过不了多久一定会开出又香又美的花儿。"

可我听着，脸上的笑容渐渐淡去，还嘟起了嘴，嚷着："我要的是一盆活生生的花，不是花根，我根本不懂得种植，你是在故意扫我的兴，故意让我难堪，我不要了。"说完，我就转身跑出去了，只听见爸爸在叫我，那一声声呼唤中，充满了失望。

我低着头，踢着石子，走在河岸。风儿穿过树梢，抚摸着我的脸。我还在生闷气，过了许久，我才迈着极不情愿的步子向家的方向走去……回到家，爸爸已经出去了。我闷闷不乐地坐在自己的房间里发呆。

时间过得很快，一个多月过去了，我和爸爸的心结还没有完全解开，直到那一天——我过生日，妈妈买了个大蛋糕送给我，我乐呵呵地接了过来。晚上，我准备上床休息了，突然闻见一阵淡雅的香味，我在房间里找了又找，就是没发现香味的源头。打开了阳台上的窗帘，我发现了一盆美丽的风信子，它在晚风的吹拂下轻轻摇曳，散发出一阵阵清香。

花盆边有爸爸写给我的一封信："女儿，我之所以买了花根，是因为我想让你懂得，只有付出，才会有收获，而不是享受现成的。人生漫漫，只有让你懂得这个道理，你的成长道路才不会那么曲折。希望这盆花可以让你明白更多。好好照顾它，生日快乐。"信封里，静静地躺着一包风信子的种子，颜色那么鲜艳，样子那么可爱。

读罢爸爸的信，我潸然泪下……

偷梦的精灵

槐花雨，轻轻地下

王昊佳

今天放学回家，刚走进家门，我便发觉似乎少了些什么。啊，那沁人心脾的槐香呢？昨天不是还那么芳香袭人吗？我急急地抬头寻找，噢，那树上不仍是白花花的一片吗？一阵风轻轻掠过，许多片小巧的白色花瓣悠悠地飘落。呀，那是多么可爱的槐花，它们怎么啦，要凋落了吗？我心中猛然间像丢掉了什么。站在槐花雨里，我愣愣地注视着地上薄薄一层微黄的花瓣，心中多了一份浓浓的思念之情。

从我开始记事起，每到槐花飘香之际，奶奶便佝偻着背，吃力地举起长把镰刀去摘槐花。奶奶仰着脸笑着，她笑得多么开心呀，额上的汗珠也仿佛带着一缕喜悦的光彩，从奶奶的额头慢慢滑落。奶奶要费好大劲，才能弄满一竹篮槐花。看着那白花花的槐花，奶奶更是乐得合不拢嘴。奶奶把它们洗干净，掺上面，放在锅里蒸。那时，奶奶总是笑着对我说："佳佳，知道不，槐花可好吃了！"我不信，说："树上结的，只有羊才吃。"奶奶听了，没说什么，只是看着那满树满枝的槐花，给我讲起了槐花救活穷人命的故事。她讲得很动情，可我却不以为然，以为那只是书上才有的故事。而奶奶在每年槐花盛开时，都是那么忙碌，那么开心，又都是那么唠叨。

渐渐地，我长大了，不再是那个稚嫩的小女孩儿了，可奶奶同飘零的槐花一同去了。就是在奶奶离去的那个春天，我突然发现自己爱上了槐花。每到槐花飘香的四月，我就想起奶奶看槐花时的神情、摘槐花时那灿烂的笑脸，想起奶奶讲槐花故事时那专注的神态。我懂得奶奶为何如此钟情于这平凡的槐花了。

现在，每当我把盛开的带着蜜的槐花送进嘴里时，心中总会升起一股难以抑制的酸楚。思念的泪滴伴着甜蜜的槐花，含在我的嘴里，融着一种最难忘的情感……

青 岛 之 美

李 好

　　这个暑假，一次青岛之行深深刻在了我的记忆中，红瓦、绿树、碧海、蓝天，青岛的风情万种带给我极大的视觉享受，我不禁将这一点一滴记录下来⋯⋯

红 瓦 之 艳

　　沿着弯弯曲曲的街道，一座座高大的欧式建筑跃然于眼前，或气派似宫殿，或简朴得自然，令人目不暇接。但最引人注目的还是那屋顶上的一片火红，这就是著名的红瓦了吧。只见阳光给红瓦披上了一层薄薄的金纱，在绿树后面的红瓦偶尔俏皮地露出一角，像是在跟我们玩捉迷藏。绿树的枝叶偶尔会挠一挠这个俏皮的"小朋友"，虽然红瓦没有表情，但我能隐约听到那一串串银铃般的笑声⋯⋯

绿 树 之 柔

一说到青岛的树，去过青岛的人都会不由地竖起大拇指："茂密，碧绿，好！"的确，那些树苍翠欲滴，十分茂密：一堆叠着一堆，一团挤着一团，形成了巨大的树荫，给匆匆行走的人们带来丝丝凉爽。走在人行道上，除了享受树荫，还能享受美景。一阵微风吹过，便可以欣赏一片绿野的曼妙舞姿，还有那纯自然的伴乐声，"沙沙、沙沙……"偶尔，它们还跟你来些互动，弯下柔软的腰肢，带着淡淡的草木香味，悄悄地划过你的脸颊，很软，很轻……

碧 海 之 静

站在金色的沙滩上，放眼向青岛的海望去，一片深蓝，稳重、大气，可谓是波澜不惊，好似正在静静思索着的思想家一般，拥有着一种神圣不可侵犯的感觉。青岛的海浪不大，却将一个个美丽罕见的贝壳冲上沙滩：或圆润，或奇异，或色彩艳丽，或素净淡雅……许许多多的贝壳为这大海添了不少生机呢！走进海中，我不禁感叹青岛的海真清澈，清澈到能将海底细细的流沙一览无遗，令我不禁浮想联翩：如果此时的我是站在深海的海面上，是否

偷梦的精灵

同样能将那些美丽的海洋生物看个遍呢？

蓝 天 之 纯

在哪里都能看到天，可是，像青岛这么蓝，蓝得毫无瑕疵的天，我是第一次见到。一望无际的天，被雨水洗刷得干干净净，让人看着就心旷神怡，心情舒畅。天上的白云如蓝色底布上绣着的白色小花，动人无比，仿佛一幅纯净的画卷在青岛的空中慢慢展开，令过路的人不由得驻足观望。

"糖果"一家

姚伟凡

我家有三口人，各有各的特点，如果拿糖果类比，我是奶糖，妈妈是话梅，爸爸是名副其实的益达薄荷糖。

奶糖是我

为什么我是奶糖呢？哈哈，请一睹我的风采吧！每当奶奶遇到难事时，我总是第一个走过去关切地说："奶奶，你不要愁，会愁白了头的！我来帮你想办法。"奶奶用手推了推我脑门，笑着说："就你嘴最甜。今天你帮我想啊……""奶奶，我的好奶奶，我这就开始想。"我一边说一边拉着奶奶的手。过了好久，我什么也没有想出来。奶奶气着说："想不出来吧！我知道你就是一块奶糖，嘴甜！"我眨了眨眼睛笑着说："奶奶，我哪里是嘴甜呀，我分明就在想，你不要冤枉我呀！""好好好，我不对。"奶奶禁不住我的"甜言蜜语"，只好乖乖地认输。哈哈！因为我嘴甜，所以家中长辈都喜欢我，都喜欢让我帮忙做事情。

话梅糖是妈妈

妈妈是一块地地道道的话梅糖。不信，我举例为证！一次我作业写得歪歪斜斜的，她一看便提高嗓门说："快看看，我家的公子写的字就是漂亮，太漂亮啦！"我知道妈妈在挖苦我，便用眼睛瞪了她一眼。谁知老妈更加得意了，说："我家公子呀，不但字写得好，而且眼睛也特别迷人，白的多，黑的少……"哎呀，那话中有话，如同吃了话梅一样，酸酸的，一直酸到人心里。

薄荷糖是爸爸

爸爸是薄荷糖，如同薄荷糖一样清爽中透着辣。一次，我考试考得很不好，爸爸知道了，脸阴沉沉的，如同一场暴风雨即将来临一样。过了一会儿，他生气地问："为什么考得这么差？"我低着头，一句话也不敢说。这下，他更愤怒了，将我的试卷往地上一扔："我们早上煮饭给你吃，中午煮饭给你吃，晚上还是，你说你整天在干什么？"我越来越怕，爸爸愤怒地说："你回到房里去！"我默默地回了房间。回头一望，爸爸的头顶还冒着烟呢！哇！爸爸这种糖就是够刺激的，我可不敢亲近他哟！

哈哈！奶糖、话梅糖、薄荷糖三种糖果合起来是什么味道呢？告诉你，那就是爱的味道，是幸福的味道。

我给小鸡当"保姆"

向海洋

小鸡宝宝生下来之后，就一直不停地叽叽喳喳叫，脑袋一下一下地啄着小米粒，毛茸茸的头晃来晃去，别提多可爱了！不过，要给挑嘴的小鸡当"保姆"，那可是得经过岗前培训，才能合格上岗啊！

外婆买了几只小鸡喂养。我从没养过小动物，这次机会可是很难得，我打算给小鸡当回"保姆"。

我来到鸡窝前，只见小鸡浑身黄乎乎、毛茸茸的，脑袋上长着一点小小的鸡冠，嘴巴、腿脚都嫩嫩的，看起来好可爱，又有些弱不禁风的样子。我想："鸡虽然小，但是不会很挑嘴，养活它们应该不难吧！"

外婆见我信心满满的样子，就对我说："你试试给小鸡喂食吧！""这好办！"我拎着一个小桶，手拿一把铲子，"哼哧哼哧"在地上挖起了蚯蚓。很快，我就挖到了几条肥嫩嫩的蚯蚓。我把它们倒进了食槽里，满以为小鸡会狼吞虎咽，没想到，它们竟然碰也不碰一下。我一下子蒙了！只得请教外婆。

外婆告诉我："小鸡还没有长大，蚯蚓是吞不下去的，只能给它们喂打碎的玉米，当然还得拌点儿水。"我看着这些黄黄的、碎碎的玉米粉，真怀疑小鸡会不会爱吃。当外婆喂给它们吃时，那些小鸡一窝蜂似的涌上来，大吃特吃起来，我才明白小鸡跟大鸡的胃口真的不一样。

哎呀！天这么热，小鸡一定渴坏了。我连忙在一个"西瓜皮碗"里添了很多水。小鸡围过来，"吧嗒吧嗒"喝起来。不过，我发现，小鸡更喜欢吃皮上残留的西瓜肉。我赶忙掰了一些西瓜，扔进去。这下，小鸡们又有口福了，啄得可欢了。看来，小鸡和我们一样爱吃水果哦！

到了傍晚，我看到一只图谋不轨的黑狗在鸡窝旁边转悠。我担心小鸡会被黑狗吃掉，就拿起树枝，又是挥舞、又是恐吓，把黑狗赶跑了。黑狗可不愿就此罢手，依然在鸡窝旁边逗留。我只好捡起几块砖头，把门加固了。这下可就万无一失了，小鸡们"唧唧"地叫着，仿佛在感谢我这个小"保姆"！

这几天，我一有空就会去看小鸡几眼，还会把它们放出来"遛一遛"。小鸡们看到我也会围过来，伸起脖子问我要吃的。我们相处得十分愉快。

看来只要对小动物们友好，它们也会对我们友好。

小板凳穿鞋记

钱雪莹

　　我家住在四楼，楼下住着一位老奶奶。一天晚上，我背着书包回家，在楼道口遇到了老奶奶，只见她一副萎靡不振的样子。我关切地问："老奶奶，您怎么了？生病了吗？"老奶奶颤巍巍地说："没什么，只是近几个晚上，楼上总有凳子发出的声音，没睡好觉。"我立刻意识到：临近期末，我做作业到很晚，肯定是我拖动板凳的声音影响了老奶奶的休息。

　　回到家里，我试着拉动书桌前的小板凳，果然发出了很大的声音。怎么办呢？我盯着板凳发呆。爸爸见我行为异常，连忙问我出了什么事，我说出了原委。爸爸给我出主意说："你何不自己动手，给板凳穿上一双能消音的鞋子？"真是好主意，心动不如行动。该用什么来做板凳的鞋子呢？我到处寻找，却一无所获。我来到鞋柜边仔细研究鞋底，发现很多鞋子的底都是用橡胶做的，顿时豁然开朗：有了！到楼下的自行车修理处要点儿橡胶里胎，不就行了嘛。我"噔噔噔"一路小跑，要来了一段黑橡胶里胎，找来了榔头、钉子等工具。

开工啦！我将板凳翻了个底朝天，用小刀将凳子脚上粘的垃圾全部清理掉，然后剪了四块大小相同的橡胶，紧紧地贴在了凳脚上。嘿，还真不错，我又取出几颗钉子，"叮叮当当"一阵敲打，把四只"橡胶鞋子"牢牢地"穿"在了板凳的脚上。大功告成！我把板凳翻过来，试着拉了一下，声音小了很多呢！但仔细听，还是有摩擦声。这是怎么回事？我用手仔细地摸了一下"鞋底"，原来是钉子在作怪。我用凿子的头顶在钉子上，再用榔头敲打凿子，钉子的头渐渐没入了黑色的橡胶皮中。这下，拖动板凳再也没有声音了。

小板凳终于穿上了能消音的鞋子了。我想：这下，楼下的老奶奶可以睡上安稳觉了。

爱吃青菜的我

孙云星

我是一名小学生，我的皮肤白，个子高；我的头发多，发质好；我的身体健康，很少生病。我有这样的好体质、好长相，靠的是遗传还是后天努力呢？告诉你吧，这些都是我后天努力的结果。

小时候我长得黑瘦黑瘦的，大人们都说吃青菜好。鉴于此，我就爱上了青菜，想通过多吃青菜让自己变美，让自己身体健康。奇迹出现了，在我爱上吃青菜后，人真的越来越美了，体质也越来越好了。

我爱吃大白菜、大萝卜、上海青，妈妈炒它们时我不让她加调料。吃着酸脆的醋熘白菜，我觉得胜似山珍海味。我觉得肉类食物少吃一点儿行，吃多了会觉得很油腻，而且不容易消化，容易吃坏肚子，最重要的是吃多了会让人发胖。我们邻居家的董帅弟弟就特爱吃肉，现在他刚上二年级，体重已经和他爸爸差不多了。为此他也发愁，想减肥，可不吃肉又难受，好让人纠结呀！辣味食品也不利于身体健康，有许多三无食品都是辣的，一些同学吃了觉得很过瘾，越吃越馋，越吃越戒不了。因为吃这些食品，那些同学经常上火，隔三岔五就输液。

我爱吃菠菜、青菜、莴笋。芹菜和猪肉一起炒，我总挑芹菜吃；菠菜和豆筋一起炒，我专挑菠菜吃。我最爱吃的蔬菜是黄瓜，凉拌黄瓜、炒黄瓜、洗净了直接吃，我都"爱不释口"。黄瓜吃着清脆、爽口，我一年四季都爱。多吃绿色的蔬菜对眼睛好。我们班许多同学都近视了，这些同学大都不注意科学用眼，而且都不爱吃青菜。我爱吃青菜，也很注意用眼卫生，所以我的眼睛特好使，看东西特清楚，同学们都说我是"火眼金睛"，这都是拜青菜所赐。

我爱吃甘蓝、茄子、豆角，特别是烧茄子，我爱吃极了，家里一有客人我就让妈妈做，我发现客人们也挺爱吃烧茄子的。青菜富含各种维生素，是健康的绿色食品，多吃对身体健康有帮助。我吃青菜多了，皮肤越来越白了，身体也越来越强壮，很少生病，这让班里的那些"病鸭子"们很是羡慕。我的头发以前枯黄枯黄的，自从爱上了青菜后，我的头发就越来越好了，顺滑、黑亮。

爱吃青菜的我皮肤好、体质好、头发好、视力好，一切都好。希望同学们都能爱上青菜，多食之，也让自己的皮肤、体质、头发、视力越来越好。

人 鼠 大 战

夏卓文

　　我和邻居家的小伙伴一起玩，他却闷闷不乐地告诉我："自从我家来了一群老鼠，整天都不得安宁。"老鼠过街——人人喊打，现在这老鼠都登堂入室了，如何了得？我催着小伙伴一起来到他家，只见他奶奶正高举鸡毛掸子，拼命向老鼠打去，老鼠却轻轻一闪，顺利躲开了。我对小伙伴说："硬战不行，还是智取吧！"小伙伴叫奶奶停下，我们商议起捕鼠之计来。一场激烈的人鼠大战马上就要开始，我好像闻到了一股浓浓的火药味……

第一计：调虎离山计

　　我先潜伏起来，小伙伴和奶奶大摇大摆地离开。老鼠见人都走了，便跑了出来，我见时机成熟，抄起鸡毛掸子奋力向老鼠打去。老鼠见大事不妙，"嗖"的一声钻到了一堆杂物下。我用鸡毛掸子伸进杂物下面用力捅，老鼠果然蹿了出来。我还没来得及站起身，它就迅速地逃回了老鼠洞。第一战宣告失败，但我相信我们已经给老鼠造成了一定的威慑。

第二计：空城掠杀计

我们商量好，这回要给老鼠制造一个"确实没人"的假象，等老鼠反复试探并彻底放松警惕后再杀它个措手不及。我们挤到门背后，窥探着鼠洞。这臭老鼠，也知道吃一堑长一智，好久都不见出洞。就在我等得不耐烦时，洞口出现了一个黑不溜秋的脑袋，一晃就缩了进去。我知道，老鼠正贼头贼脑地"侦察敌情"呢！我们大气也不敢出。嘿，今天这出空城计，我们是唱定了！又过了好一会儿，它终于把脑袋全部探了出来，东瞧瞧，西看看，基本确定没人了。不过又过了好久，它才慢悠悠地走了出来，先在洞口附近走了几个来回，又窜到院子中间的空地上洗起脸来。我们见时机已到，便兵分三路，开始攻击。小伙伴护住老鼠洞，断了老鼠的后路。我和他奶奶前后夹击，老鼠不知所措，东碰西撞，眼见被我们打得落花流水，无处可逃，说时迟那时快，"哧溜"一下，它居然逃进了另一个小洞！呵，狡鼠两窟！空城掠杀计又白唱了。

第三计：超必杀之水泥堵洞计

小样儿，看来我们得拿出必杀计——水泥堵洞，把它困在洞里！小伙伴的奶奶到附近工地讨来点儿水泥，我和小伙伴拿来刷子，蘸上水泥，对准洞口，一点儿一点儿地糊上，直到两个洞都被死死堵住。两天后，我特地去邻居家了解情况。他们说，这两天家里似乎安宁了。呵，看来，这水泥堵洞计，还真是奏效了，困住了老鼠，不能出来闹人了。

人鼠大战，终究是人获胜。谁让我们是世界上最聪明的生物呢？

安　全　卫　士

徐一诺

"××中队，××路口，一辆私家车和摩托车发生了剐蹭，一人受伤。"听到对讲机呼叫，正在吃晚饭的爸爸急忙放下碗筷出门，"嗵嗵嗵"一阵急促的下楼声很快便消失了。

我知道，爸爸这是急着赶到现场处理事故，可是工作再忙，也得吃饭啊，我忍不住嘟囔："爸爸好心急，又不吃饭就走了！""吃饭是重要，可事故现场更需要处理，人命关天啊！"妈妈显得很冷静。我知道，妈妈早已经习惯了爸爸的"匆忙"。

爸爸是名交通警察，我喜欢看他穿警服的样子，英俊威武。可不怎么喜欢那个黑色的对讲机，甚至是有点儿讨厌，因为爸爸对它总是"爱不释手"，而且，只要那个对讲机一出声，不管什么时候，不管爸爸正在做什么，他总是放下手里正在干的事情火急火燎地出门。妈妈告诉我说这是爸爸要第一时间赶到事故现场。

印象中，爸爸总是这样忙碌，手里的对讲机每天都要响很多次，每响一次就意味着发生了一场交通事故，他就需要第一时间出门。这样一来，爸爸上班不分周末，也没有节假日，经常是等他下班时，我早就进入了梦乡，见不到爸爸不说，他答应我的好多事情也都食言了。

起初我总是忍不住生气，可渐渐的，我不再责怪爸爸，因为我知道了什么叫"两车剐蹭"、什么叫"车毁人亡"，也明白了每一次流血事故背后都会有人伤心。爸爸说每次看到事故现场，他都很难过，这是血的教训，发生车祸只在那几秒间，可当事人得承受一辈子的痛苦，甚至是使几家人陷入悲伤！

我很奇怪，怎么会有这样多的车祸，难道这些人不怕吗？爸爸说大部分事故都是因为违章，而违章是可以避免的，只要牢固树立安全意识、遵守交规安全出行，这些事故风险是可以避免的——"开车不喝酒，喝酒不开车""经过路口耐心等待红绿灯""过马路要走人行道""不在路上跑和玩"……没等爸爸话音落，我脱口而出。看着我的调皮样儿，爸爸笑了……

这时候，正在看电视的妈妈指了指屏幕，原来公益广告正在播出："为了自己和家人的生命，为了家人的幸福安康，你的等待会减少事故的发生，请尊重生命，安全出行！"是啊，我不禁暗暗点头，一定要将安全意识牢记心中，因为：我安全，我快乐！

妈妈变"笨"

赵一桐

晚饭后我无聊地翻着《扬子晚报》，见爸爸拿出印泥在盖章，只见那印泥的颜色特别像流出的鲜血，又像极了美丽的指甲油。

女孩天生有爱美之心。于是，我在食指和中指上涂了一些红色的印泥，随即上楼向妈妈炫耀。妈妈正在看书，看见我手上的红色，立刻吓得脸色都变了，飞也似的向我奔来，大声责备着："你又玩了什么？流了这么多血。"妈妈拿起我"受伤"的手，又放下，慌慌张张地去找创可贴。听见妈妈这么说，我便想捉弄她一番。"好疼呀！"我的眼泪似乎快流出来了，我一屁股坐在椅子上，吹一吹自己的小手指，再抽出一张面纸，把伤口包扎起来，用另一只手紧紧按住，生怕"血"再流出来，然后装出疼痛的样子，心里却暗暗笑个不停。妈妈找出创可贴，轻轻拿起我的手，眉头微微皱起来，小声地责备我，开始查找伤口。看到妈妈这样担心我，我不忍心地朝妈妈笑了一下，可是妈妈并没有体会我的暗示，她还没有识破呢。于是我又提高了笑声，妈妈只是生气地说："笑什么，还好意思笑！"她好像找到了伤口，撕掉塑料片，准备在我食指上贴上创可贴。我着急地喊道："妈妈，我没有受伤。""怎么可能，你不想贴？""不是的，你再仔细看看这颜色，这是印泥的颜色。再说，如果我的手划破了，还会这么笑好几次吗？这是我卖的破绽，你居然没看出来。检查我作业的时候，你不是很聪明，很像警察吗，今天怎么这么迟钝？"听了我一通"连珠炮"，妈妈才恍然大悟，笑了笑，摸了摸我的手，而我则笑得前仰后合。

　　是不是一看到孩子受伤，妈妈就会变"笨"呢？

榜　样

李玫玫

每当我看到舞台上那些年轻的演员，我便会想到我的同学陈昊。她弹得一手好琴，而且去参加过许多演出和比赛。她是我心中的榜样。

她个子不算高，也不算胖，指腹上满是茧，两只眼睛也因看谱而戴上了一副眼镜，但是总闪烁出智慧的光芒。她以优美的舞姿、动听的钢琴旋律，理所当然地成为了文艺晚会上的公主，也成了老师和同学们公认的"文艺之星"。

文艺表演是学校最重要的文艺演出项目。这时，会演开始了。到第五个节目时，一些嘈杂的声音在后台响起。仔细一听，我才知道下一场要表演的陈昊因为生病还没有来。这时后台不知谁出了一个主意："下一个节目先演吧。"大家这才松了一口气，正当主持人要报幕的时候，突然一个身影跑到了台下说："对不起，我因为生病来晚了，你现在可以报我将要弹奏的曲目了。"主持人开始报幕："接下来有请陈昊同学为我们弹奏钢琴曲《珍珠》。"

她走上台，向大家鞠了一躬，走到座位上，开始演奏。优美的旋律使大家听得入神，她自己也入了神。旋律忽快忽慢，音符也在纸张上连成线画出一串连成线的珍珠。正当观众们沉浸在聆听这一串完整的珍珠的曲调时，那串珍珠忽然断了线。珍珠落地的旋律响起，一颗颗珍珠发出的"叮叮咚咚"的声音。最后那旋律渐渐地慢了下来。

曲毕，她转过身来，仔细一看，我才发现她额头上布满了像珍珠般的汗水，两手也不停地微微颤抖着。但是她努力地支撑起身子，慢慢地走到舞台中间向大家鞠了一躬，微笑着走下台。看着她这副模样，大家的脸上满是担忧的表情。她没走几步便晕倒了，还好有同学在她的旁边，搀扶着把她送到了校医室。等到主持人报下一个节目时，观众才回过神来，这时全场爆发出经久不息的掌声。

在掌声中，我觉得她的形象越来越高大，需仰视才行。我要把她作为我的榜样，向她学习，争取也成为技艺精湛、意志坚定的人。

冰糠葫芦连串的快乐

放学路上的"钩心斗角"

徐伊甸

下午，随着放学歌的音乐声响起，像往常一样，我和"死党"一蹦一跳地走出校门，各自在心里想着"绑票"计划。（"绑票"在此的意思就是把朋友"逼"到自己家里玩。）

走着走着，很快就到了朋友家附近，我心里掠过一丝不安，加快了脚步，可是突然迎面刮起了风，真是天公不作美。

"风'呼呼'地吹，肚子'咕咕'地叫，咦！前面有一家'维多'，我们要不去看看？"死党表面一脸诚恳，却有一肚子的"坏主意"。

我笑着拒绝："不用了，我不饿。"嘻嘻，食诱计，你用过太多次了，谁不知道，我只要吃完这个东西，你就会说，你吃了我的东西，一定要去我家。这招对我没用！

朋友看这招没有用，气得把嘴鼓成了一个大包子。我心里暗喜：这回该我出场秀一秀了。我又一次加快了脚步。

"咦？你的书包拖着挺重的吧！你手里又拿这么多的东西，我帮你拿书包吧！"我看了看她手里的东西，假装关心地问道。

没想到，她信以为真，放心地把书包递给了我。我来到一个路口，对她说了声："再见！"她有些奇怪，也许会想，咦？你怎么不拉我到你家去呢？于是她也应了我一句，转身走了，我趁机加快速度跑回家，边跑边想：我就让你自己到我家！

果然不出我所料，我走进电梯时，她一股风似的跑了进来，气喘吁吁地说："还……还我书包。"电梯开了，我摸出钥匙，开了门，她走进我家，我说："书包还你！"她接过书包，刚打开门，我立刻把她拦住，"你别忘了，你已经进了'虎山'了哦！"她僵硬地转过头，只好服输。

放学路上，看似平平常常，也有一番"钩心斗角"。

冰糖葫芦连串的快乐

陈 楚

大街小巷卖糖葫芦的吆喝声此起彼伏，听得我眼馋，于是我就想自己做一次糖葫芦，这样就不用花钱买了，所以周日我约了几个同学在我家一起做冰糖葫芦。

首先是穿山楂。这还不简单！只要把山楂穿起来，不就可以了吗？妈妈一边指点我们，一边嘱咐我们："小心，别扎着手了！"大人们说的话，我也不甚在意，我刚把一个山楂穿上去，还没等穿到合适的位置，竹签就露出尖尖角了，一下子就把我的手扎破了。我小心地再穿，结果又把竹签的尖角顶到了山楂的边上，这样不行，于是又再穿，直到把竹签穿到山楂的中间，这才满意了。大家你穿一串，我穿一串，不一会儿就穿了一大盘。

接下来是煮糖了。我们把一碗水倒进锅里，放进半袋子糖，白糖入水渐渐融化了，不见了踪影。然后开始加热，响起了"噼噼啪啪"的声音，白糖的颜色开始发生变化，有点儿像柠檬的颜色，淡淡的、黄黄的；渐渐地，颜色变成了橙色，浓浓的，稠稠的；随着温度的升高，糖越发变得黏稠了，还冒着一串串珍珠似的糖泡泡呢。糖泡泡由大变小，我们用勺子把糖舀起来，这时糖成了一条晶亮的丝线，妈妈告诉我们，这样的糖已经煮到恰到好处了。

该蘸糖了。我们把穿好的山楂放在糖锅里滚蘸，粘的满身都是黏糊糊的糖，再用勺子舀起糖均匀地撒在穿好的山楂上，糖就像冰一样紧紧地裹住山楂，山楂由鲜红色变成了深红色，一串串晶莹透亮的冰糖葫芦，散发着诱人的香味。

最后是品尝糖葫芦。过了一会儿，糖就变成一层透亮的薄冰片了。我迫不及待地往嘴里送，一阵酸甜的香气像凭空伸出的一根手指，忽地勾住了我的鼻子，香甜的滋味像网兜一样网住了我。入口滑滑的、甜甜的，还有一丝酸酸的味道。上层滑而坚硬，下层酸而松软，随着"咯吱咯吱"的声音，含在嘴里渐渐变成了浓浓的酸甜，在口腔里悠悠回旋。我们吃了一口又一口，吃了一串又一串，那笑声就像咀嚼冰糖葫芦的"咯吱"声。

穿糖葫芦，把我们小伙伴的快乐和团结都穿成了串。

三千苦恼丝

魏 巍

"长发飘飘，三千青丝宛如泼墨，令人欲醉。""一汪墨色潭水转眼间摄人心魄。"从古至今，那些赞美长发的美文美句简直是数不胜数。从小，我就梦想有一头泼墨长发，幻想着我长发飘飘、气质婉约。坚持了两年多，我终于长发及腰，但麻烦也接踵而至。

洗脸时，碎头发经常蹭到香皂，我得费事将头发冲干净；游泳课时，长头发会把泳帽撑掉，别人在游泳，我在找泳帽；洗澡时，别人三下五除二就洗完了，我却还在和长发纠缠不清……麻烦归麻烦，就算妈妈一直劝我把头发剪掉，也撼动不了我留长发的决心。

那天，我甩着漂亮的马尾辫去上散打课，那一次我是跟整个班里最狡猾的女生对打。对手功夫不高，小计谋却无人能敌。一开始，我占尽上风，眼看着我就要把她撂倒，谁料，她趁我不留意，手一伸，抓住我那长长的马尾辫，轻轻一拽，一下子把我甩倒在了地上。"牵一发而动全身"，我躺在地上的时候，深深地理解了这句话，也终于发觉，长发真的留不得。

最惊魂的一次是在公交车上。车到站了，我准备下车。车上人们推推搡搡，我被挤来挤去。我自觉地站到一边，最后一个下车。可能是司机等急了吧，我前脚刚落到地上，后脚还在半空，车门"砰"的一声关上了。我突然感觉身子被一拽，头立即动弹不得！坏了，我的长发被车门夹住了！而此时公交车已慢慢发动。我努力地往外扯头发，可是头发被车门死死咬住。我不得不像螃蟹一样，横着身子随公交车向前移动，而心脏在怦怦乱跳，就快要飞出嗓子眼儿了。幸好，几个靠近车门的乘客发现了我，立即朝司机大喊："停车！停车！那孩子的头发被夹住了！"司机闻声立即踩刹车，我这才化险为夷。

我从小梦寐以求的长发非但没使我的气质变得温柔婉约，反而给我增添了意想不到的麻烦，简直成了三千苦恼丝！回家后，我不假思索地对妈妈脱口而出："妈妈，明天就带我去剪发！"我想，一头干净利落的短发，兴许更好！

尴尬的"小公主"

吴　璇

我不得不承认，我有"公主病"。所以，之前我和于智洋的关系一直不好，也可以说从二年级开始，我与他就是水与火，互不兼容。马上就要小学毕业了，这段五年来积累的"恩怨"，是时候化解了。

其实，"恩怨"之间只差一步，这一步却显得非常遥远，可以说是遥不可及。我明明知道于智洋心软，于智洋也知道我是刀子嘴豆腐心，可谁也不肯向对方讲那么一句："对不起！"

终于，我决定抛弃一个女孩子的矜持，做一回女汉子！

我带着一百元，走遍了溧水所有的文具店，精心为于智洋挑选了文具盒、黑笔、尺子、修正带……因为几次看见于智洋的文具盒，我都不禁会唉声叹气。伤痕累累的文具盒是别人送的，里面有一支用了好几年的钢笔，三四支已泛黄的铅笔，三个字：脏、乱、差！所以我的心中早已想好了化解矛盾的礼物。

买好文具盒后，我把里面的东西理了又理。可是冲动之下买了这个文具盒，现在却又手足无措，后悔了起来。但我仍然坚信，借着文具盒的这把火，一定能化解我和于智洋之间那千年不化之雪。

夜晚，我又彻夜难眠，翻来覆去就是睡不着。我拿起要送于智洋的文具盒，轻声地说："唉，一切就靠你了，加油！"

早晨，我早早地起了床，手里抓着文具盒不停地踱步，想着怎么跟于智洋说。班上人那么多，我也不知该如何表达，心里像有一只小兔子一样，乱蹦乱跳，弄得我心神不定。第一次机会是在公交车上，但因为有于智洋的好朋友在场，我到嘴边的话又咽了回去。第二次机会，刚到教室，人多眼杂，弄得我心惶惶，说不出口。第三次机会，我终于鼓足勇气，来到于智洋面前，说："于智洋，为了表达我的歉意，这个送你。"我把文具盒递到他跟前，这一刻我仿佛能听到自己的心跳声，脸火辣辣的，红得像个熟透的苹果。于智洋似乎也被这突如其来的礼物给吓到了，迟迟不肯接受。

最终，经过激烈的心理斗争才做出的决定，遭到了拒绝。这让我感到有几分失落与尴尬，但我并不气馁，因为我已经迈出了理解与道歉的第一步……

冰糖葫芦连串的快乐

怀 念 外 公

池 晨

望着相框里外公慈祥和蔼的面容，我的泪无声无息地滑落下来，我好恨、好悔，来不及见外公最后一面。我永远忘不了那一天，我从闽清回到外婆家，见到的却是外公的灵堂，以及置于两旁的十几个花圈。走进灵堂，姨姨与外婆正掩面痛哭，看到外公安详地躺在那里，顿时，我的眼前一片模糊，外公生前的往事一幕幕地浮现在我的脑海里。

有一次，我在外公家做作业，正当我快完成时，抬头看见外公，便兴奋地拉住他的手问："外公，您看我的作业做得对吗？"外公皱紧眉头，仿佛在思索着什么。我愣了一下，随即问他："外公，您怎么了？""从现在开始，我要帮助你练字！""练字？为什么要练字？"我十分诧异地问。外公指着我写的字，说："你写的字，说难听些，简直像鸟爪。"

第二天一大早，我还在被窝里做着美梦呢！突然一股冷气向我袭来，谁打搅了我的好梦？我睁开了眼，吓了一跳，外公表情严肃地站在我的床前："还睡？都日上三竿啦！"

我忙反驳道："今天是星期六……"话还没说完，外公又说："因为是星期六，才要你利用这好时间练练字啊！""练字？真是……"外公叹了一口气说："时间是宝贵的，哪能像你这样浪费？""得了，我练就是了！"我忙打岔道。

起身以后，我来到阳台，拿起笔刚写了一个字，便被外公叫住了。我纳闷地望着外公。他接过我手中的笔，在纸上写了十四个字："少年易老学难成，一寸光阴不可轻。"我将外公的字与我的字比较，这才发现我写的字的确太不像样了。于是，我下定决心，一定要练好字。就这样，每天在外公的督促下，我的字大有进步，真打心眼儿里感谢外公。他不仅使我的书写有了很大的提高，还使我明白了时间何其宝贵。

如今，外公离我而去，但他的音容笑貌仍深深印在我的脑海里。我永远忘不了他，他永远活在我的心中。

动物园里的"女汉子"

郑韩与

"到了,到了!动物园到了!"我迫不及待地跳下车,终于到了梦寐以求的新加坡动物园。

顺着青石板小路,伴着涓涓溪水,我们走过了一个个动物栖息地。调皮可爱的小猴子、憨态可掬的大熊猫、高贵优雅的丹顶鹤……令我目不暇接。等等,我的目光一下子被一位金发碧眼、穿着前卫的外国美女吸引了。她个子高挑,玉腿修长,一头金发自然地披在肩上,像一片金色的小瀑布。"真漂亮!"我不禁赞叹。

随着人流,我们来到了动物演出场。演出没过一会儿,我的背后就感到了一丝凉意,咦?什么声音?"咝——咝——"这声音微弱而又刺耳,仿佛掺着邪恶的气息,我顿感鸡皮疙瘩骤起。我猛地回头,只见饲养员稳稳地托着一条大蟒蛇!它整个身体紧紧地盘在饲养员身上，足有十几厘米粗，身上的鳞片闪闪发亮，三角形的头上依稀可以看到鲜红的芯子。天哪！不偏不倚，我正与大蟒蛇四目相对，它那野性犀利的眼神让我不禁打了个寒战，连忙后退！我吓得不敢吱声，生怕惹怒了大蟒蛇，它下一秒就会丧心病狂地挣脱饲养员的手，把我一口吞掉！蟒蛇真是女生的克星，周围顿时尖叫声四起，不用说，大多都出自女生之口。虽然饲养员一再示意大蟒很"听话"，但大家眼中仍或多或少透出恐惧与不安。

在主持人要求大家与蟒蛇互动时，我们倒吸一口凉气，退出老远。那是谁，在茫茫人海中脱颖而出？她竟然轻抚着大蛇，用纤细的指头滑过大蟒那透着丝丝凉意的"肌肤"，她难道就不怕惹怒了那"恶魔"？我定睛一瞧，咦？这不是刚才遇到的那位外国美女吗？只见她一手托住身长三米、凶神恶煞、凶相毕露的黄金巨蟒！她对蛇的好奇出乎我的意料，脸上的激动与开心就如惊艳的玫瑰般光彩绽放。非但如此，这位姐姐还用蓝宝石般的眼睛定定地凝视着蛇，仿佛在和它说悄悄话，另外一只手还时不时地来回摸摸巨蟒。这让小伙伴们都惊呆了，我的身体好像被石化了一般。我特别想说："师父，请受徒儿一拜，您就是江湖上赫赫有名的女汉子！"

猫　雨

王紫名

　　那天早上，我坐在窗前，看着满天的雨丝竟然携着阳光，把整个天地照得毛茸茸、亮晃晃、金灿灿的。啊？猫？一只龇牙咧嘴，调皮地坏笑着的金毛猫正轻轻向我走近。呵，它竖起的金毛、拱起的凸背、吐着的舌头、机灵的耳朵、柔软的爪子都恰恰证明了它无比真实的存在。雨丝漫无目的地翻飞，就是这只巨大的金毛猫在使劲儿抖毛呀！小区后头的山也被这种冰冰的金色放大拉近，仿佛猫儿弓起的凸背；猫咪的小舌则是已经被雨丝浸得迷迷糊糊的枫林，艳红艳红，小心地嵌在那个神秘的猫嘴里；啊，好可爱的猫耳朵！那是近处几峰萌萌的小山丘；猫都少不了爪子，这只当然也不例外，几簇粉嫩的秋花悄然绽放，被那细雨一衬，霎时化作猫爪上软软的肉垫。

　　当几片神秘的小鱼形云朵从天空飘过，雨就真的变成了一只在空中撒腿追着小鱼跑的金毛猫咪。那样轻盈的身姿！就是一只刚洗完澡，浑身蓬松亮丽的，巨大到能覆盖整个天空的猫嘛。我听见了一声声绵绵软软的轻叫："喵——喵——"多么有趣，多么神奇，润泽了满世界的绿色。我的灵魂也为之震撼！

我想，我一定是不小心看到了雨的原形。就像是白素贞喝了雄黄酒，会现出白蛇原形的道理。我一定是刚好目睹了这只在空中修炼千年的猫雨，在那个特定的、我坐在窗前的时刻，恢复本来的面貌了。我不会说的，猫雨，我帮你保密。

我还是和往常一样，静静地坐在窗前念书。只是有时候会抬起头，竖起耳朵，瞟一眼窗外。但是，即便下了雨，也什么都没有。我知道，猫雨并不想让太多人看见自己。我完全了解，我朝着外面眨了眨眼。

很多年过去了，我知道了那雨被称作"太阳雨"，不常下，但也不足为奇。我们搬家了，小时候的猫雨，真的只是"太阳雨"吗？它是那么漂亮，柔顺的金毛，微倾的身子，机灵的耳朵，凸起的脊背，有力的后脚……不，我不相信猫雨是"太阳雨"，那个"太阳雨"仅是一些大人对世界无根据的封号而已。

唉，童年的猫雨，把我就这样轻轻一荡，就推出了那道儿时的窗框。四季的风声伴着雁叫，猫雨——我等你，我永远相信，你会回来。

今天风真大

陈子依

　　风像一个调皮的孩子，有时温柔，有时暴躁，让人琢磨不透。

　　早晨，我刚起床，就听到外面的风吹得窗户"哐当""哐当"地响，风声"呼呼"的，像狼嚎一样，撕心裂肺。只听"啪"的一声，是阳台上的花盆摔碎了，我推推防盗门，防盗门已经被风顶住了，好不容易打开了门，可不小心，一松手，门又"砰"的一声关了回来。我好不容易才推开门，走了出去。

　　一出门，一股风迎面而来，我的头发都被吹得竖了起来，禁不住打了个哆嗦，使劲缩了缩脖子。天空阴沉沉的，不知是谁惹怒了它，狂风席卷着整个城市。

　　时间不早了，妈妈骑自行车送我去上学。路旁，树木被刮得摇摇晃晃，像一个个不倒翁似的，东倒西歪。路边的小花奄奄一息地摆着头，好像在向风小声求饶，小草更是弯着腰，低着头，个个提心吊胆的，生怕风把它们连根拔起。天和地都被黄沙染成了一个颜色，我的眼睛被小小的沙子弄得什么也看不见了，我把嘴巴闭得紧紧的，可是沙子就像蚊子一样猛叮我的脸，五颜六色的塑料袋在空中翩翩飞舞，有的像断了线的风筝一样越飞越高，越飞越远，有的像降落伞一样垂直而下，有的挂在树上颤抖着……

路上的行人都闭着嘴眯着眼，不少人用纱巾把头包起来，顶风骑车的人就像自行车运动员参加比赛一样弓着身子，双脚吃力地向前一步步蹬着。

妈妈吃力地蹬着车，可车子一直像蜗牛一样缓慢地前行着，我抬起头来，想看看到哪儿了的时候，风把我的帽子吹走了。"妈妈，妈妈，我的帽子被风吹跑了。"我焦急地喊道。好不容易才逮到帽子，就这样，原来去学校只需要十分钟就够了，现在却用了三十分钟。

风，你可真暴躁，如果你温柔一点儿，我们都会喜欢你的。

147

小学生该带手机吗?

罗婧媛

随着科学技术的发展,不管大人还是小孩,几乎人人都拥有一部手机,但是小学生到底该不该将手机带进学校呢?

为此我们分成正反两方进行了一场激烈的辩论。

正方一位同学认为小学生在校园内带手机利大于弊。首先,我们到校或离校时可以给妈妈或爸爸回一条短信;其次,上课时如果自己感觉不舒服的话,可以自己给妈妈或爸爸打电话,不用麻烦老师;最后,我们在学习过程中可以随时利用手机上网查阅资料,增长知识,还可以在了解课外新知识的同时掌握新兴的科学技术。

而反方同学则认为小学生在校园内带手机是弊大于利。虽然带手机的确可以减轻家长和老师的一些负担,但是小学生带手机可能会使一部分学生利用互联网作弊或者产生依赖心理，从而导致学习成绩下滑，这不是又增加了老师和家长的负担了吗？

反方同学话音刚落，正方同学马上反驳："每一位家长都是望子成龙、盼女成凤的。带手机可以帮助我们提高学习成绩，反方观点也提出是一部分的学生，如果我们都可以理解、体谅父母的一片苦心，那么相信每一个人都可以合理利用手机、控制自己。比如很多学生都自觉地把手机以及互联网作为健康生活的补充，利用手机查询对自己有用的信息，从而提高自己的成绩。"

反方同学并不赞同："如果学生带手机上学，遇到难题，他们就不去动脑，不去钻研，这样长期下去他们的成绩不但不会进步，反而会下滑。曾有一位五年级的学生，成绩名列前茅，可自从他上学带手机，便一发不可收拾。上课不听讲、打手游，夜晚不睡，钻在被窝里看手机，第二天上课太困又睡觉，最后不仅学习成绩下滑，连身体也病得站不起来了。这样看来，难道不是弊大于利吗？"

听了正反两方的辩论，我认为，作为一名学生，刻苦学习是非常重要的，不论做什么事都要亲自动手动脑，一心一意地去认真钻研，不能只依赖外界的帮助，才能学有所成。所以我们在上学时，不该把手机带到学校。

冰糖葫芦连串的快乐

原来妈妈也会老

吴晓官

　　从小到大，在我眼里，妈妈一直那么年轻，仿佛永远不会变老。可是最近我发现，随着年龄的增长，原来妈妈也会老去……

　　上个周末，轮到我打扫房间。当看到房间地板上遍布着头发丝时，我的怒气顿时像火山一样喷发出来："妈妈，你看看，家里到处都是你的头发，让我怎么忙得过来？你知道这头发丝打扫起来多费力吗？"正在叠衣服的妈妈听后没有说话，默默地离开了。埋怨了妈妈半天后，我叹了一口气，继续拖地。

　　突然，几根晶莹的白发夹杂在乱发丝中出现在我的眼前，我不由地蹲下身子观察起来：这几根白发又粗又长，在光线的照射下格外显眼。我心里不禁冒出几个大大的问号：家里怎么会有白发呢？难道是妈妈的？不会啊，妈妈才三十多岁！可是除了妈妈还会有谁呢？我心里突然泛起一种说不出的滋味。

这时，妈妈平日里为我们这个家操劳的情景如电影一般浮现在我眼前：每天清晨，妈妈早早地起床，为我们烧水做早饭；每天晚上，妈妈最后一个休息，为我们擦鞋洗衣服；每次出门，妈妈总是再三叮嘱，路上一定要当心车辆；每次到家，妈妈早已做好晚饭，耐心地等待我和爸爸的归来……妈妈为这个家所付出的，真是数不胜数啊！

想到这里，我情不自禁地抬头望了望正在厨房忙碌的妈妈，突然觉得她的背影似乎没有从前那么高大了，身子似乎没有从前那么挺拔了，行动也似乎没有从前那么麻利了。没想到，我眼中那个永远年轻的妈妈原来也会变老，那几根白发见证了妈妈对这个家的所有付出，而我刚才却……

此刻，我的眼前渐渐模糊。我放下手中的拖把，径直向妈妈走去……

爱上晴和雨

韩刚建

我最爱的两个天气，恰巧是反差最大的——晴天，雨天。

晴

我最爱沐浴于阳光之中，看阳光洒在窗户上，金灿灿的，清澈湛蓝的天空中，偶尔点着丝丝淡淡的白云。草儿挺拔，构成翠绿的草坪，青翠欲滴的柳叶儿垂在水中，随阵阵微风飘拂。水中的鱼儿时沉时浮，戏弄着微波，水波柔柔地向远处漂去。一起一伏的水波上面镀着一层金色的光。各种树矗立于草坪之上，沐浴阳光的温暖，阳光铺洒在树叶上，叶儿嫩嫩的，金灿灿地发着亮光。微风轻拂，绿叶儿轻轻摇动，阳光随风穿透了树叶，每一条脉络都清晰可见。偶尔有几只鸟儿停在树梢鸣叫，阳光便从绿叶儿的缝隙间穿了出来，闪闪地洒在鸟儿的羽翼上。

傍晚，夕阳西下，天边放出金色的光，只见太阳慢慢下沉，渐渐变成了明黄色，最终变成了鲜艳的红。影子倒映在水中，水面镶上了一道橘红色的边。太阳上方的云被渲染成了金色，为夕阳戴上了华丽而尊贵的王冠。天空失去了那份清澈，变为生动的淡紫色。不过，那紫中透着蓝，蓝中透着粉，应是三种颜色叠在一起形成的吧！就在太阳上方的淡紫将要消失时，一道镶着金边的细云将广阔的天空与那被太阳染红的淡紫完美地结合在了一起，天色渐渐暗了，暗了……

雨

我爱漫步于雨中，散步于木桥上，细细的雨丝斜斜地弥漫在空中，灰色的背景中，几株垂柳若隐若现，那被雨冲洗过的叶子，绿绿的，嫩嫩的。淡淡的白雾笼罩着草地，那针一般细的银丝轻轻插入水中，泛起一圈圈小小的、密密的涟漪。鱼儿游到水面上，与雨丝亲吻着，尽享雨露带来的清新与舒适。没有喧闹，没有争吵，世界仿佛睡着了，天地间只剩下细雨的轻拂与大自然的呼吸。一切都宁静极了。天的蓝消失了，草的绿变淡了，乾坤间如同一幅水墨画——清水，细雨，长桥，远山……景，如诗、如梦、如烟、如画；人，如幻、如梦、如痴、如醉。

慢慢地，雨小了，太阳光开始普照大地，太阳雨缓缓降落在地上，那缕清纯、芬芳、唯美与惬意深入了世间万物的心，世界醉了。缕缕银丝变为金线，那凝在叶尖上的剔透的雨珠，在阳光下折射出了最美的光！

天边一道彩虹若隐若现，大自然的一切是如此自然、如此芬芳！

我好想变成银杏树

曹心怡

世界上的植物有很多，比起而我却只看到生活在喧闹城市中的植物，比起那生活在山中的植物，多了几分喧闹和破坏。我好想变成山中的一棵银杏树，它是那么有活力，那么古老，见证了自然的沧桑变幻、奇妙无穷。

倾听山中流淌的叮咚声

"叮咚，叮咚……"我生长在山顶，虽然只是棵刚长大的银杏树，但由于山势高，我站立之处成了看风景的好地方。我倾听着山中回荡的叮咚声，心情舒畅。是什么在发出这声响呢？我眺望远处，看到了一股清凉的山泉，山泉在石缝中流淌。"清澈"这词便是用来形容这山泉，它如一面明镜，把我的朋友都映在了里面。太阳的照射让山泉发出耀眼的光，好似一颗闪闪发光的宝石。山泉如一个调皮的孩子在石头间蹦来跳去，好似音乐家正在演奏活泼的音乐，好听极了。

闻着风中飘来的清香

我在闭目养神，阳光滋润着我的身体，土地养育着我，水分灌溉着我。一阵清风吹来，滋润了我的心灵。在又一阵风吹来时，我闻到了一股沁人心脾的幽香，那是花香。低头望去，有的相继开放，有的含苞待放：雪白的栀子花如一位穿着白色裙子亭亭玉立的花季少女；玫瑰似火，美艳无比，惊艳了时光；杜鹃花纷飞，天空好似下了粉红色的雪……风又轻轻地拂过，带来一阵芳香。

原来大自然这么美，如果幻想成真，该有多好。我爱这一份宁静，爱这一份美丽。

燕子的母爱

孙　锐

一只燕子挥动着受伤的翅膀艰难地飞翔着，好像一不小心就会掉下去，一只胖乎乎的花猫穷追不舍。如果再这样下去，那只燕子就要葬身于猫腹了！没过多久，燕子像架机翼受损的飞机般坠落在了地上。那只猫以迅雷不及掩耳之势扑了过来，将它一把按住，像玩玩具似的掷来掷去。

那只燕子焦急万分地叫着，用纤弱的声音求那只猫放过它："猫哥，你长得这么帅，今天被你抓到是我的荣幸，可是我上有老下有小，今天我的小命要是没了，谁来照顾它们呢……"燕子一个劲儿地说个没完。猫愤怒地吼道："本王今天怎么遇到了你这个喋喋不休的话痨。"燕子嬉皮笑脸起来："多谢夸奖，我就是鸟中语王，人称'说话之最'，谁只要碰见我，就是倒了八辈子霉了……"

　　猫被这只燕子的喋喋不休气得火冒三丈，耸毛立尾，眼睛闪烁着火花，小宇宙爆发了，现场立刻出现一股很浓的火药味。燕子见势不妙，又喋喋不休起来："如果你吃了我，大自然会受到破坏；大自然受到了破坏，天空就会破个大洞；天空破了大洞，气温升高了，两极冰山就会融化；两极冰山融化了，地球水位就会上升；地球水位上升了，我们地球就会变成海星；地球成了海星，那我们就会被淹死。所以这关系到我们的生死，你就不要吃我吧！"猫顿时一头栽倒在地，活活被气"死"了。

　　燕子飞走了，它根本就没受伤，只是想气"死"猫而已。因为猫前几天就虎视眈眈地盯着它的孩子——不会飞的小燕子。于是它就想把猫支开，虽然如果不成功，它就有可能葬身于猫腹，可为了孩子，它什么都愿意尝试。

旅

边听雨

这周，我有了一只新宠物，它是一只大仓鼠，有个好听的名字叫"小金熊"，因为它有棕色的背部和白色的肚皮，圆圆的小耳朵，小小的嘴巴，就像一只缩小版的小熊。

我不光喜欢它的样子，还羡慕它自由自在的生活，我爱盯着它看，一看就是好半天。今天我又看呆了，不知不觉中我竟然睡着了，一觉醒来，天已亮了，天哪！我上学不会迟到了吧？我赶紧下床，却看到了面前摆着小熊的滑梯和跑轮，我赶紧低头一看，呀！我的床怎么变成木屑了？这分明是小熊的房子啊！我怎么在这里？我吃惊地低头看自己，我身上竟然长了毛！好半天我才搞明白，原来我和小熊灵魂互换了！

这简直太好了！我在笼子里上蹿下跳，心里乐开了花儿，终于可以摆脱学习了！什么长笛、舞蹈、乒乓球，再也和我没关系啦！再看笼外站着的那个"我"，脸上也笑

冰糖葫芦连串的快乐

开了花儿，她背着书包一蹦一跳地出了门，我则刨了个坑倒头便睡！睡醒之后心情更愉快了，我找到饭盆大吃玉米粒、维生素片、瓜子仁，吃饱喝足后便开始狂欢——爬阁楼、跑轮圈、滑滑梯、钻洞洞……我望着笼子说："生活如此美好！"

小熊变成"我"也十分幸运，第一次去上课，第一节竟然是体育，五十米测试，小熊看到长长的跑道乐疯了，恨不能马上冲出去，从前它每天跑圈真是太憋屈了。果然，老师一声令下，小熊撒丫子就跑，遥遥领先，全班第一，老师和同学们都惊呆了！小熊望着蓝天说："生活如此美好！"

可没想到好景不长，没多久我便开始感到寂寞和无聊，吃饱了玩，玩累了睡，好没劲儿，没有人和我说话，没有人陪我玩耍，我想念学校的老师和同学，我想吹长笛，我想画图画，我想看绘本，可是不行啊！现在除了躺在木屑上看着天花板发呆，我不知道还能干什么。

小熊在学校也吃尽了苦头，语文课上开火车读课文，它不识字，一着急把书啃了个大窟窿；数学课上要画图，它连尺子也不会摆；英语课上要写字母，它歪歪扭扭地弄了几个鬼画符……自然是挨了一天的批评。它垂头丧气地回到家站在笼子前，我俩忧伤地互相对视，仿佛都在说："做你可真不容易！"看着看着我又睡着了。

天亮醒来，我竟然又躺在了我心爱的床上！我激动地大叫："我爱上学！我爱吹长笛！我爱练舞蹈！我爱乒乓球！……"

无　言

马梓萌

　　一日复一日，一年复一年，一直守在我们身边的是谁？大自然虽无言，却把自己所拥有的一切都献给了人们。

　　太阳无言，却射出光辉。有时，它将火红的身躯显露，把光芒洒向大地，把温暖给予这冰冷的世界；有时，它扯下半片云，遮住半个身体，瞪起铜铃般的眼睛，聚精会神地张望着世界，张望着用它的汗水与经历换来的世界；有时，它把自己蒙在被窝里，散发出一缕缕淡淡的光芒。早晨，它像一个害羞的小姑娘，用"纱巾"遮着红彤彤的脸蛋儿，从东方一点儿一点儿走上来；中午，它把"纱巾"取下，好奇地张望着眼前这美丽的世界；傍晚时分，它又恋恋不舍地从西边落下，即使落下，也在天边留下一片绚丽的晚霞。

冰糠葫芦连串的快乐

大地无言，却展示出广博。春天百花斗艳，万紫千红，真是"等闲识得东风面，万紫千红总是春"；夏天，大地顶着太阳发出的光芒，支撑着万物的重量，看着郁郁葱葱的大树，它似乎笑了，因为那毕竟是它汗水的结晶啊；秋天，落叶覆盖着大地，似乎给大地穿上了一件衣服；冬天，雪花悠悠地飘下，给大地盖上一层棉被。

鲜花无言，却散出芬芳。走过小路，路旁的花朵红的似火，粉的似霞，白的似雪……绚丽多姿！微风拂过，醉人的花香飘向四方，让人沉醉于花香之中。不时跑来一个小姑娘，轻轻摘下一朵花，别在长长的辫子上；或是摘下一束花，送给父母。

大树无言，却造出树荫。夏天，人们常在树下谈话、下棋。大树给予了鸟儿家，给予了人们阴凉，它乐意听鸟儿站在枝头歌唱，乐意看人们在树下下棋，而人们回报它的竟是剥夺它们的生命……

太阳无言，却射出光辉；高山无语，却体现出巍峨；蓝天无语，却显露出高远；大地无语，却展示出广博；鲜花无语，却散发出芬芳；大树无语，却造出树荫……

姑 苏 行

刘思影

　　周六，天公作美，雨后初晴，我和母亲跟着团队去苏州旅游，收获颇丰。

　　虎丘山并不高，山间的寺院在树木的掩映下，显得风韵别致。我们来得正巧，正值虎丘艺术花会。刚进大门，首先映入眼帘的就是许多美丽的花儿。这儿一簇，那儿一团，真是美不胜收啊！瞧，这些花儿的颜色真多啊，粉色的，桃红的，紫中泛白的，还有大红的。有的挂在树上，有的放在花架上，远远看去，真像一座被花装饰得满满当当的"空中花园"啊！

　　花廊的尽头，是一处典雅的小景，石壁上挂着"梅兰竹菊"字画，横幅与竹编鸟笼、花儿融合在一起，那协调的色彩，真令人心旷神怡！转身一望，又是一片花的海洋：朵朵喇叭花紫中透白，竞相开放，掺杂着的白色小花就如一个个身着洁白蛋糕裙的小精灵，在花园中飞舞。有了美丽的鲜花点缀，这古树参天、郁郁葱葱的虎丘山显得更加秀美婀娜了。

虎丘山的声名远扬不仅在于它景色迷人，更是因为这里流传着诸多神秘的历史传说。沿着山路而行，短短的一段山道上，就有东晋憨憨僧开凿的"憨憨井"，有吴王阖闾的试剑石，还有一块"枕头石"，说的是风流才子唐伯虎在此休息的事。走到山道的尽头，空阔的地方有千人石。北面的石壁上镌刻着"虎丘剑池"四个苍劲有力的大字，据说这是颜真卿的手笔，果然非同寻常。

"上有天堂，下有苏杭"，姑苏城的景致果然名不虚传！

今天我生病

林瑞晴

今天，我发烧生病了，浑身难受，有几种病痛轮番向我可怜的小身体发动进攻，让我长吁短叹，叫苦不迭，它们分别是：

头痛。

发烧的时候，头痛是难免的，我的脑袋里一直"嗡嗡"作响，就像有几百只小虫子在开音乐会。有的在拉大提琴，有的在吹小号，有的在敲锣打鼓……弄得我身体的总司令部——小脑瓜无法正常工作。

牙痛。

我上火了，偏偏又碰巧在长新牙，那红肿的牙肉重重地压在牙齿上，不让它生长。小小的新牙却很顽强地拼命战斗，不停地往上冲；肥胖的牙肉也倔强地抵抗，使劲地往下压。它们的斗争使我每次咀嚼食物都如履针尖般

冰糖葫芦连串的快乐

痛楚。

喉咙痛。

我这次生病主要就是喉咙发炎引起的。嗓子眼儿就像住了一个山贼,每次吞咽食物时,它都会跑出来拦路抢劫,耍枪弄剑,把我的喉咙刺得生疼生疼的。

肚子痛。

肚子痛也是每次生病的常客。我一生病,肚子里就翻江倒海,像孙悟空大闹天宫似的,又像被一个小精灵用力地搅来搅去,搅拌得我难受死了。我大声地叫唤也没有用,它一直陶醉在自己的翩翩舞姿中,充耳不闻。

手脚酸痛。

发烧时总不免会手脚酸痛,浑身无力。每次想举起双手就像要搬起千斤的大石头一般费力,手脚酸软得像不属于自己的,又好像打了麻醉药一样,不听使唤。我仿佛一下子变成了九十多岁的老人,手脚无力,步履蹒跚。

幸好,生病的日子都是短暂的,痛苦的日子总会过去,不过生病时的各种痛苦让我印象深刻。我暗下决心,以后一定要努力锻炼身体,不要再受病魔的折磨了!

无眉大侠的前世今生

一片雪，一个洁白的世界

张　珂

　　我喜欢在深冬趴在窗台上，想象着大地一片雪白，奢望感受到雪花盛开时那深深的宁静。

　　有人说，雪花是冬季唯美的舞曲，我也曾固执地想要捕捉那冬季舞蹈的精灵，看它们晶莹的身躯翩飞、旋转，悄悄逝去。

　　雪花，只有短暂的生命，终究又会融入河流中，无休止地静静地奔向下一个未知的目的地。

　　捧起记忆里深藏的一片雪，我睁大眼睛，企图去发现另一个更纯净的世界。我尝试着把自己当作一朵无忧的雪花，却又发现自己只是在人生这个大的轮回上孤独地奔跑。拾起心里遗落的一片雪，我猜不透它心中小小的执着。为了动人的瞬间而永恒地等待，一厢情愿地相信着：付出就等于收获。

天空说："付出不等于收获。"

雪花笑了："只要我每一次都认真，就一定会有收获。"

每一滴即将成为雪花的河水内心都有一个小宇宙，它们不断往上涌，等待阳光来发掘它们，期待自己变成洁白的雪花，坠落，重生。在一次次轮回中坚持自己小小的梦，把它种在心里，当种子发芽了，开出芬芳的花，又从头再来。

雪花、河水、雪花、河水……不论它变成了什么样，都会永远坚守那个小小的梦想！

当了一次牧羊人

夏昆琳

　　"十一"长假期间，爸爸妈妈带我去了姥姥家。姥姥家在绥中县的网户乡张监村，是一个滨海小渔村。听说古时候这里出过一位姓张的监生，所以就叫张监村了。我是姥姥带大的，能再见到姥姥、姥爷，真是高兴极了。带着那份期盼，我们踏上了回姥姥家的路程。行驶在新建成的滨海大道上，看着大道两侧的大风车、大海、海鸥、绿树和红花，一路上给人一种凉爽惬意的感觉。

　　行驶的途中，一群正在路边吃草的羊引起了我们的注意，羊儿大概有三十只，在一位牧羊人的看护下正在悠然自得地吃着草。你看那羊儿们，洁白的羊毛，黑玻璃球一样大的眼珠，水灵灵的，有时还"咩咩"地叫两声呢，真是惹人喜爱。

　　以前只是在电视里看到过羊，如今见到了真的羊群，我可不会轻易放过。在我的央求下，爸爸把车停在道边。我走下车，向羊群走去，羊群边吃草边向前走。我很想放一会儿羊，就跟着羊儿们在后面一齐走。那位放羊的叔叔好像看出了我的心思，就把放羊的鞭子交给了我，说："你试试这鞭子，如果往羊屁股上打，羊儿们准会跑远了。"这根鞭子有两米左右长，可沉了呢！

　　羊群里最可爱的还是那几只小羊羔，可是它们总是躲得远远的，让我没有机会与它们亲近。为了能与它们接近，我想尽了办法，可它们还是离我远远的，真让我失望。我突然想到，牧羊鞭子还在我的手里攥着，它们怎么会接近我呢？我把那根鞭子还给叔叔，顺手摘了一把青嫩的苇草，作势要喂小羊吃。可它们看我来了，还是吓得跑远了。我在那里蹲了很久，它们却不领情，都不肯吃我拿的苇草。哼，我就让它们看看我的耐心！我一直在那儿蹲着，终于，一只小羊羔禁不住我的诱惑，小心翼翼地向我走来，我心中的乌云终于变成了阳光。小羊打量了我一会儿，又用鼻子闻闻草，渐渐放松了警惕，大口大口地吃起草来。紧接着，许多小羊儿都跑了过来围着我，我赶忙摘草喂它们，一下弄得挺忙乎的呢。突然，我发现羊群中有一位体形肥壮、羊角很长的"羊先生"。爸爸告诉我："这只是头羊，是羊群中最壮的羊。"头羊看羊儿们都在吃我摘的苇草，突然生气了，它两眼瞪得圆圆的，身子向前倾斜，摆出一副要搏斗的样子。忽然，它一头撞过来，

无眉大侠的前世今生

我吓坏了，撒腿就跑。有只小羊来不及跑，被它撞上了，惨叫了一声，摔倒在地。放羊的叔叔把头羊赶走了，我这才不害怕了。过去一看，那只小羊还是躺在地上没有动弹。它看见我来了，就痛苦地呻吟着，好像在求救。我灵机一动，又摘了一把新鲜的苇草，放在它前面，它努力地向前够着，却怎么也吃不到，但它很执着，坚持要吃那些苇草。它摇摇晃晃地站了起来，几口就把苇草吃光了，然后慢慢地随着羊群走远了。我在后面看着，只见羊群在牧羊叔叔的带领下，一直走了很远很远……

常常在电视上看到牧羊人赶着成群的羊，今天我也体验了一回牧羊人的艰辛和快乐。他们每天要走十几里路，这样才能让羊儿们吃上肥美的嫩草，才能把羊儿们养得膘肥体壮，原来牧羊人也不是好当的。我虽然只是与这群羊待了不到一个小时，但已经能真切地感到，放羊也是需要技巧的，更需要对羊有一颗关爱之心。虽然我这个"小牧羊人"上岗时间不长，但也有不少的收获……

我家热播"西游记"

周 一

　　《新西游记》正在热播，我可喜欢了！一到假期，我就每天盯着电视屏幕，目不转睛，成了十足的"西游迷"。渐渐地，我发现，在我家里呀，也在上演"西游记"，四大主角轮番上场，你瞧：

　　孙悟空是我弟弟。弟弟喜欢在家里对着墙壁练"拳击"，他也有着七十二般变化！一会儿变成开心果——"哈哈哈"，一会儿变成炸药弹——"嘭嘭嘭"；一会儿是小绵羊——甜甜地叫"姐姐"；一会儿成了大狮子，怒吼狂叫。我们全家人都拿他没法子，他"大闹天宫"时，真想请下如来佛镇镇他。

　　我！嘿嘿，是毛猴的师父唐僧也。在学习上，我有唐僧那不怕困难的精神，碰到难题，刻苦钻研不退缩。生活中呢，有唐僧的菩萨心肠，谁有麻烦事儿，我都热心地去

无眉大侠的前世今生

帮助他。可就只有弟弟，屡教不改，阳奉阴违，气得我真想讨一个撒手锏——紧箍咒，看他还不乖乖的！

猪八戒，非爸爸莫属，不仅吃得多，还特别懒，经常睡到日上三竿才肯起来。不过，此猪八戒脑袋瓜特好使，博学多才，喜欢看报，看新闻，还喜欢钻研难题，经常把题目摘下来，要考倒我。所以，我又给爸爸取了一个名字——星光灿烂猪八戒。

妈妈就是勤勤恳恳的沙僧了，家里大大小小的事情都得妈妈操心，埋头干这干那的，很辛苦。妈妈没猪八戒爸爸幽默，一本正经的。不过，饭桌上，被爸爸一逗，她也是笑得最响的。

哈哈，怎么样，我家热播的最新版《西游记》也很精彩吧？

箍　牙

曲丽颖

　　不知道妈妈是怎么想的，硬是让我去为牙齿整形，做什么箍牙。我烦得直叫唤：整什么整？我的牙齿杠杠的！咬苹果"咔嚓"一大块，啃排骨干净又利落，嚼黄豆"嘎嘣嘎嘣"像粉碎机，就差没嚼碎一颗山核桃！只要能大快朵颐地吃东西，我才不管什么美啊丑啊的。可是"妈妈大人"的有些指令，"儿臣"真是违抗不了啊，于是我只好忍气吞声，听从摆布。

　　医院里听从医生的摆布。

　　仰躺着不准动，张大了嘴不准合，还要反复地漱口。一会儿牙齿就疼痛发麻，仿佛不是长在自己嘴巴里了。一番折腾下来，好端端的牙齿变得寒光闪闪，要是陪着唐僧去取经，吃个妖怪估计都不费事。离开时，妈妈还直说："谢谢啦！医生！"气得我呀，恨不得暴跳起来。得，从

无眉大侠的前世今生

此以后规矩多多：不可以吃硬东西，不可以喝酸奶，不可以吃甜食，每次刷牙至少五分钟……这可真是要了我的命，还不如让我绝食呢。

回去后还得听从老妈的摆布。

老妈在家里处处设防，让我少接触那些禁食的东西，眼不见嘴不馋。但让我无法忍受的是跟老妈逛超市。一看那美味的鸡爪，我口水就往下流，刚要冲过去，可瞥见老妈那警惕的眼神，我立马泄了气；冷饮区里看见最钟爱的柠檬味酸奶，还没伸手，就听见"妈妈大人"那冷峻得不能抗拒的提醒："忍忍，等过了这段时间，管你喝个够。"忍忍忍，"忍"是心头一把刀啊，谁能忍得住啊！

啊，是可忍孰不可忍！俗话说，"民以食为天"，没有了我心爱的零食们，我的生活暗淡无光。"我！的！牙！齿！"我对着我的宠物狗狗喊，吓得它一头钻进了床底下；我对着阳台那盆法国球兰喊，吓得它花枝乱颤；我对着老妈喊……但不敢啊，违抗了"圣旨"，再也没有零食吃了怎么办？

自从箍了牙，我有点儿不太愿意出门了，生怕一不小心露出满口狰狞的钢牙利齿，吓着了谁。最主要的是怕引来众多好奇的目光，把我当怪物看。啊，上帝，没帮上唐僧的忙，自己先变成怪物了。

我领教了被拘束的痛苦，终于明白，自由是多么可贵。我联想到了爷爷为我抓来的不知名小鸟，还关在我为它准备的"舒适"的鸟笼里，不敢随便叫，不能随意飞。我再一次走近了看它，竟从它的眼神里看出了怨恨和绝望。

我打开鸟笼，让出口对着推开的窗户。小鸟"嗖"地一下飞走了，丝毫不留恋我和它的美食。但我一点儿也不心疼和惋惜，是箍牙，让我懂得了更多……

美 丽 的 雪

吴 越

我永远也忘不了那一天……

星期二的下午，我做完作业眺望窗外，只见朵朵洁白的小雪花从天空中无声无息地飘落下来。过了一会儿，雪变大了，雪花密集起来，像鹅毛，像柳絮，一团团，一簇簇，铺天盖地。顷刻间，天地相接，连为一体。这茫茫雪景如磁石一般，深深地吸引着我，把我带到山上，下着雪的美丽的山上！

来到山上，雪在风的鼓励下，像淘气的小姑娘，一会儿在空中飞舞，一会儿在树上玩耍，一会儿又偷偷地追赶我，钻到我的脖子里，冰冰凉凉的。我突然想要摘一朵雪花给妈妈看，于是我从羽绒服中伸出小手，可是雪花一到我手心就只剩下一颗颗透明的小水珠。我不知道我在雪地中站了多久，更不觉得冷，我抬起头，树好像新娘，穿着洁白的婚纱，真美！

　　雪连在一起像一张大网，挂在我的眼前。落下的雪花像千万个伞兵，从空中跳下来，安全降落在地上。我想用这洁白的雪花堆个雪人，二话不说，马上开始！

　　我滚了一个雪球，开心地奔跑着，雪山上到处都有我的足迹。我把雪球做成雪人的造型，挖了两只眼睛、一个嘴巴，我和雪人一起跳舞，一起玩耍，好开心。雪整整下了一天，直到晚上，大片大片的雪花仍然从昏暗的天空中纷纷扬扬地飘落下来，啊！多美的雪呀！

　　我爱雪！美丽的雪，你点缀了七彩的世界，我要做你身边的一朵云，伴随你去冒险、探索……

无眉大侠的前世今生

勇敢面对错误

刘熙乔

生活中，我们应该勇敢面对错误。

那天，我刚放学回到家，看到爸爸妈妈不在家，高兴得手舞足蹈，嘴里哼起了歌："今个儿老百姓啊，真啊真高兴，高兴！高兴！真高兴！"为什么？因为今天我是老大，能给自己谋个福利——来个视觉盛宴，看看今天的"智能足球"。打开电视，我就美美地看入了迷，只见红队的球被蓝队抢去，我的偶像红队一球落后，气得我大叫，真想钻进电视里成为红队的一员！第二局红队转败为胜，"进了！进了！"我高兴得忘乎所以，顺手拿起身边的遥控器，使劲向远处一甩，大声喊道："好样的——红队！"话音还没落，只听"啪——"的一声，"稀里哗啦"，我顺着声音望去，只见妈妈的花瓶已经粉身碎骨，瘫在了地上。我飞奔过去捧着碎片，大声喊起来："完了，完了！"这可是妈妈的心肝宝贝，网上淘了好几家才买到的。我吓得魂飞魄散，像热锅上的蚂蚁般急得团团转，此时，我多想变成一个花瓶啊！可我不是孙悟空，别说七十二变，就是一变也不会啊！妈妈要是知道了，轻则打，重则罚，一想到这儿我就毛骨悚然，怎么办？

我眼珠一转，计上心来，对，就这么办！我用101胶水费了九牛二虎之力给花瓶"复原"。不一会儿，"杰作"诞生了，我舒了一口气。可我刚一抬头就看见了妈妈，不知什么时候妈妈像孙悟空一样出现在我眼前，她瞪着我，指着花瓶质问我："怎么回事？"我想：男子汉大丈夫敢作敢当，我把打碎花瓶的事老老实实地告诉了妈妈，不料妈妈却幽默地说："花瓶打碎了可以再买，可是有一天，你要是打碎了可就买不着了。"我"扑哧"一声笑了，扑到妈妈怀里问："妈妈，你原谅我了？"妈妈说："别臭美，这次是你的诚实勇敢打动了我，这是第一次，也是最后一次。"我频频地点着头。

如今我养成了有错误就勇敢面对的好习惯，为此还赢得了"诚实勇敢好少年"的光荣称号。

流年中的那一抹绿

房佳荟

低头看着瓷碗中飘出热气的绿豆汤，"拌一拌，拌一拌，舀一勺糖，再拌一拌"。耳旁回荡着那令人温暖安心的声音。我轻搅着，努力学着记忆中那人的动作，却怎么也学不会。不知为何，又想起五年前的那个身影，我的思绪随着那缓缓搅动的瓷勺仿佛回到了从前。

小时候，由于父母外出打工，年幼的我成了一名留守儿童。在那些日子里，陪伴我成长的就是爷爷奶奶。奶奶的眼睛很小，眼角布满了皱纹，但笑容使她显得特别慈祥。

老家的夏天非常炎热。一个午后，我满头大汗地跑回家。"呦，丫头，又去哪儿'野'啦，衣服咋那么脏啊？"说着，奶奶用毛巾擦拭我的脸，我抗拒地摇着头。"不要动哟。"奶奶笑着说，"擦完后就可以喝绿豆汤喽。""喝绿豆汤喽！"我猛地把鞋子踢掉，赤着脚丫笑着奔向厨房。

奶奶笑眯眯地走进来，用围裙捂着双手，掀开了瓷盖。白腾腾的热气迎面而来，奶奶原本枯黄的脸瞬间变得红润。她左手捧着碗，右手拿起瓷勺，搅了搅，再小心翼翼地舀到碗中。汤触白瓷那一刻，我看见一朵绿色的花缓缓盛开——

"奶奶，我很渴，快一点儿啊！"我大声地叫着。"不急不急。"奶奶拿出勺子，搅着绿豆汤，接着又放了一勺糖，"拌一拌，拌一拌，舀一勺糖，再拌一拌。"我盯着碗中的汤，汤水随着瓷勺一圈一圈地旋转，白糖渐渐消融，汤里的绿豆浮起又落下，均匀地散落到各处。

我慢慢地喝着。头顶的旧风扇"嘎吱嘎吱"地转着，屋里我喝汤的声音很响很响。奶奶在一旁笑着，用那枯瘦的手摸着我的头："多喝点儿，还有很多。"喝完了，我用手抹了抹嘴："奶奶，我下次要喝冰的!"奶奶起身，走到炉旁，边帮我盛边说："不行，丫头，冰的伤胃。"扑面的热气盖住了奶奶的脸，也绕住了我的心，久久缠绵。

后来，我要上学了，在外地工作的父母把我接到了他们那儿。还记得，走那天，我们都没哭，爷爷在屋里抽着闷烟，奶奶一直看着我不作声。她没笑，那双混浊的眼睛，静静的……

记忆中的那一抹绿，再未出现在我的匆匆流年中。不知何时，手停了，汤也凉了。白糖在汤底沉淀，怎么也散不开。抿一口，满心的思念。

无眉大侠的前世今生

我当小裁缝

董锦文

"奶奶，帮我照张穿上新衣服的照片吧。"

"好嘞！"

"咔嚓——"

你肯定会说了：不就一件新衣服嘛，干吗还要拍照？

哈哈，这件衣服可全是我用缝纫机缝制的哦！

奶奶拿着一把大剪刀，"咔嚓咔嚓"地裁着布。大约过了十分钟，剪刀停了下来，一块白底红黑花裁剪好的布料就展现在眼前了。哈哈，现在该轮到我动手啦！

我先用缝纫机缝制肩，因为布料没有锁过边，所以只能先用缝纫机缝制正面，再缝反面，然后再把毛边"藏"进去，这就是俗称的"来去缝"哦。

肩缝制成了，我又用"来去缝"缝制了腰的两侧。

接下来，最难的绲领边就要开始啦！这可不是一项容易的工程呢。我的心里忐忑不安，生怕自己会缝歪。

我把一条大约一寸宽的斜条与布料的领口处重叠，放在缝纫机的大压脚下，然后把压脚放下，把布料压紧。

我用两只脚一上一下地踩着缝纫机的踏板，全神贯注地观察着针头下面斜条处的针迹，右手轻轻地拉动着斜条，仔细地调整着方向。

一下、两下、三下……终于绲好啦！我连忙给奶奶看我的"杰作"。

谁知，奶奶才看了一眼就说："拆掉，都缝歪了。踩缝纫机要一丝不苟，不能马虎。"我接过衣服一看，可不是嘛，缝得歪歪斜斜的。我只好拆了线重来一遍。

绲好了领边和袖边，我还给衣服缝上了一朵"电脑花"和下摆的宽花边。这下，这件新衣服终于大功告成啦！

没过几天，我又给自己缝制了一条镶了花边的裙裤。

外婆听说我学会缝纫了，也让我给她做一条睡裤。

哈，我又可以当一回小裁缝啦！

四大"名"医

黄天浩

古有四大名捕，今有四大"名"医。今甲午年十一月九日，这四位"隐身高人""横空出世"，来了一次大聚会。这四位高人里没有扁鹊，也没有华佗，让我来揭开此四人的神秘面纱……

"名"医一号：妈妈。独门绝技：擒"牙"手。门派：牙派。在我小时候牙齿浮动时，她一直假装帮我看牙，猛地使出擒"牙"手。如果成功帮我擒住了这个"钉子户"，我们就会一起开怀大笑，但如果失败了，那我可就惨了，我会"哎呀"一声跳起来，捂住腮帮子"哇哇"大叫。但由于成功率比较低，此后我就不让她帮我看牙了，万一她故技重施下狠手怎么办啊？

"名"医二号：爸爸。独门绝技：夺牙一根线。门派：牙派。比起爸爸，妈妈的本领就只能算是三脚猫了。

因为牙派掌门有一项大本领就是钓线取牙。他只需在牙上拴上线，然后轻轻一拉就可以了，而且百拉百出哦！

"名"医三号：奶奶。独门绝技：推拿手。门派：热派。我奶奶精通的是发热中暑时的"刮痧"。她让我趴在床上，用勺子蘸点儿油，在我背上用力地刮来刮去。后背出现红红的杠子后，我立刻神清气爽，仿佛除去了千斤重担，很快就好了。

"名"医四号：爷爷。独门绝技：雷公巨嗓。门派：吼派。"怎么又不听话了呢？你怎么又调皮了呢？"爷爷虽然没有治病的绝招，但他是个不怒自威的人。我在生病或者睡觉时胡闹的话，他一嗓子就可以把我吼得服服帖帖的。"妈呀，爷爷又来啦！"

这就是我家的四大"名"医，你家里有这样的"名"医吗？

藏在标本里的美丽时光

刘心池

酷热的夏季，树木郁郁葱葱，树叶形态各异，心形、掌形、针形、卵形……有这些有趣的叶片做伴，不比宅在家里好吗？我的选择是出门呼吸新鲜空气，采撷叶子做标本。

带上盛叶子的盒子，一把剪刀，两顶帽子，我和大姨姥一起去山里寻找树叶。一片针形叶，一片心形叶……虽然天气很热，我和大姨姥都满头大汗，但我们乐在其中，使劲儿抻着脖子伸着手臂跳着够那片风中摇曳的银杏"小扇子"，哎哟喂，忘了脚底下，落地不稳摔了个大跟头！"摔个跟头不怕不怕啦，我不怕不怕不怕啦……"爬起来还不忘自我解嘲地唱起了自己改编的歌曲。那些掌形的叶子还是很有趣的，有四根"手指"的，三根"手指"的，五根"手指"的，我脑海中已经勾勒出了一幅关于掌形叶子的快乐拍手图！

一个多小时过去了，盒子已经满满的了。叶子收集完成，收工！

心急吃不了热豆腐，制作标本是需要耐心的。回到家，我首先将叶片一片一片舒展开来，夹在一层层的纸巾中，有的叶片沾上了泥土，我就用抹布小心地把它们擦拭得干净透亮，再把夹着叶子的纸巾放到台历的夹层中，把台历擎在书架的最上层通风处。漫长的等待开始了！

一个月的时光被抛在身后，我像要完成一件神圣的大事似的，用香皂洗好手，小心地取下了夹满标本的台历，一页页打开。呈现在我眼前的是一片片脉络清晰、颜色各异的美丽树叶，虽然没有了新鲜叶子的饱满与光泽，却嗅得出清香阵阵，呈现出一种历久弥新的美。

接着，我用镊子小心地把各种形状的叶子取出，安放在卡纸上，根据叶子的不同形状摆出了"孔雀开屏""快乐拍手图""森林小屋"等图画并贴好标签，最后用几乎透明的薄纸覆盖住，粘贴在卡纸上。看着精致的标本作品，我不由得感叹时光绿了芭蕉，红了樱桃，也成就了标本的美好，我的心中别提多自豪了！

无眉大侠的前世今生

"偷时者"说

郭奕铭

小孩子嘴馋，心痒，难免会有偷吃零食、偷看电视的"壮举"，少不得挨家长打骂。我一不偷吃零食，二不偷看电视，我"偷"时间。

就 餐 偷

趁着吃饭时"偷"时间可是我的强项。偷时间干吗？看书！老妈总是用她的大道理教育我："边吃饭边看书会影响消化系统的吸收，吃饭要专心致志。"可是我恨不得一天二十四小时都抱着书看，吃饭的时间岂能放过！上有政策，下有对策：趁老妈还没炒完菜，我坐在餐桌前潇洒地看；等老妈炒完菜吃饭时，我把书放在腿上，借着餐桌的掩护，不时地低头看两眼；看到精彩的地方，以上厕所的名义去厕所偷偷地看。我的雕虫小技怎能瞒过老妈的火眼金睛，时常受到老妈的"猛烈炮轰"。

这样老是挨训总不是办法，还得想想别的招儿——有了，老妈每餐都在餐桌上垫张报纸，饭渣菜渣什么的不至于掉到桌子上，收拾桌子时将报纸一揭丢掉就可以了。呵呵，报纸上也有很多有意思的小故事，我可以边吃饭边偷看报纸呀！于是我每餐都早早地坐在餐桌前，低着头，抱着碗，"吧唧吧唧"地假装埋头苦吃，其实眼睛在瞄着眼前的报纸呢！时间一长，我了解了很多新闻，时不时能说一些连老妈都不知道的事儿，老妈顿时对我刮目相看，问我从哪里看到的。我眨了眨眼睛神秘地说："这个嘛，秘密哦！"

课 间 偷

上课时，同学们偶尔会被趴在窗台外的小野猫吸引。我毫不理会，但不忘"偷"点儿时间——在大家热闹的时候，把桌子当钢琴演奏几曲。你瞧！我端着肩膀，坐得笔直，两手在桌子上小范围地弹奏着。就这样，有时课前，有时下课后，时不时地"偷"些零碎时间练练指法，积少成多，别看我平常在家练琴的时间不长，可依然弹得悠扬流畅，还经常受到钢琴老师的表扬呢。

回忆是带着希望的纸鹤

做 操 偷

我还能"偷"更细微的时间呢！我常常利用做眼保健操的间隙时间偷偷写点儿作业，十来秒时间也能写两道计算题。看！我紧紧握着笔，如奔，如飞，有时候抓紧一些还能算三道口算题呢！仅仅拿了一会儿笔，我的手心已经出汗了，连笔都被浸湿了。要是被体育委员发现了，就该上"光荣榜"了，少不得放学被罚抄一页生字。

这些微不足道的时间积累起来一算，还真是一大笔财富呀！

你会"偷"时间吗？

甩不掉的"尾巴"

戴健保

　　我有一个妹妹，今年五岁，上幼儿园大班。爸爸妈妈要出去打工，就把我们俩托付给了爷爷奶奶。临走时，爸妈再三叮嘱我，一定要照顾好妹妹，不能只顾自己疯玩。

　　妹妹人虽小，却不喜欢与跟她一般大的孩子玩，除了上学，其他时间都像跟屁虫一样缠着我。这不，放学一回家，她就缠上了我，我走到哪儿她跟到哪儿，弄得我挺不自在的。我曾多次哄她，让她在家看电视，或是去找她幼儿园的小朋友玩。她嘴一噘说："不，妈妈说过，要我跟着你玩。"没办法，我就千方百计地躲着她，放学后先不回家，直接跟伙伴们玩去了。可这个法子也不灵，因为妹妹太聪明了，她很清楚我平时常玩的地方，不是同学家，就是河边，要么就是村头的晒谷场里，她会挨个儿去这些地方找。每当我们玩得兴起时，她准能赶到。一见到我，妹妹就会高兴地喊起来："哥哥，我找到你了！"看到她那兴高采烈的样子，我真是哭笑不得。

为了彻底甩掉她，有一天，我们决定放学后去村子后面的山洞玩，因为这个地方妹妹从没去过。放学后，我们几个死党直奔村外，不一会儿，就来到了村后的山脚下。我们沿着崎岖的山路向上爬，爬了十几分钟，终于看到了一个巨大的洞口。"耶！"我们欢呼着，冲进了洞里。我们在洞里翻跟头、捉迷藏，玩得不亦乐乎。忽然，一阵熟悉的喊叫声在洞里回荡开来："哥哥，你在哪里？快出来，我找到你了！"我一听，心都要跳出来了：是妹妹！她怎么找到这里来的？这可是山上，要是出了事怎么办？我赶紧跑了出来，拽着妹妹的手，把她拉出了山洞。"你是怎么跟来的？"我满肚子的疑惑。妹妹得意地说："我一放学就藏在学校门口的大树后，看你们出来，就悄悄地跟着来了。哼！你想甩掉我，没门！"

"你一个人到山上来，很容易出事的。以后可不能这样了。"我严肃地说。"那你以后去玩一定要带上我。"妹妹像打了大胜仗似的，望着我笑了。

唉，人小鬼大的妹妹呀，我什么时候才能彻底甩掉你这条"尾巴"呢？

无眉大侠的前世今生

游　峻

寒假很快结束了。开学第一天，我刚进教室，就成了班里的"明星"。有人问我："游峻，你的眉毛整哪儿去了？"有的说："游峻，美容了？你好酷哦！"最让人生气的是调皮大王范峪译给我取了个外号——无眉大侠！

事情是这样的，大年初一，到处喜气洋洋。我穿着漂亮的新衣服，和爸爸一起去拜年，还收到了很多礼物。

中午，我闲着没事，从家里拿了一个打火机走出家门。因为屋外的空地上散落着一些没有燃放完的鞭炮，我便从中拣了些个头大的鞭炮燃放起来，"噼噼啪啪"的鞭炮声引来了邻居家的小孩陈轩。只见他把没有燃放的鞭炮剥开，把火药取出来，放在一张纸上。我疑惑不解地问："你这是在做什么？"他得意地说："等会儿看焰火啊。"于是我也凑上去，和他一起剥起了鞭炮。我们收集了许多火药。

一切准备就绪，就差点火了。陈轩说："我去叫我爸爸来。"我扬了扬手中的打火机，说："别等了，我来吧。"我蹲在地上，小心翼翼地把打火机对准火药堆。"哧哧——"火药迅速燃了起来，我的眼前冒过一阵浓烟，接着便闻到一股很浓的头发烧焦的气味。我的眼镜上蒙了一层白雾。我感觉额角发烫，右手的大拇指生痛生痛的，不能动弹。

我边哭边跑回家，妈妈一看这架势，连忙端来一盆水，把我的手浸在水中。爸爸拿来一面镜子，心痛地说："你瞧瞧……"我一瞧，真是哭笑不得：额角红通通的，都快起泡了，右边脸上的眉毛全烧焦了。爸爸又拿来剃须刀，涂了点儿泡沫，把左边的眉毛也剃了。事后，爸爸严肃地说："要不是眼镜挡住了眼睛，你的眼睛就瞎了，以后做什么事情都要想一想能不能做。"

就这样，"无眉大侠"就成了我——游峻的代名词。

一只蜘蛛的心声

钱嘉露

　　我是一只特别的蜘蛛，从小就与众不同，能织出颜色不同的网，甚至还可以织一张吊床给大家睡觉呢。一天，我在外面织网，"呼"的一阵风吹来，把我和美丽的丝线一起吹到了空中，吹到了一个陌生的房子外。

　　这房子外观看上去还挺气派的。我迫不及待地走进房子，哎呀，里面怎么这么破旧呀！不过没关系，我是万能的蜘蛛呀，在我的帮助下，这儿很快就会焕然一新的。我要先在门厅织一道崭新的门帘。说干就干是我的本性，我马上开始吐丝，鼓起大大的腮帮子，挺起硬朗的后背，丝线便一股股流了出来，我把太阳洒下的金线也糅进了我的丝线里。可是，眼看着我的杰作即将完成，突然传来了"啊"的大叫声，紧接着就是一阵怒吼："我的客厅不能有蜘蛛。"我转过身去，原来是房东太太跑了过来，她正怒气冲冲地用抹布向我甩过来，我只好留下我那未完成的杰作，匆忙逃走。

隔壁是厨师的房间，我匆匆地爬了过去，映入我眼帘的是厨师的旧拖鞋。他的拖鞋太旧了，我要给他做一只新拖鞋，不过我要先休息一会儿，拖鞋啊拖鞋，你先当我的小床吧！我的脚还没来得及全部爬进拖鞋，身体就被巨大的震动无情地甩了出来，我一抬头，满脸横肉的厨师正举着刀叉，扭曲着嘴巴大声骂我："丑八怪，臭蜘蛛，赶紧给我滚！"为什么我这么不受大家欢迎呀，我只是……唉！算了，谁让我是一只小小的不起眼的蜘蛛呢！不过，我相信这世界上总会有人喜欢我的。

我漫无目的地爬呀爬，转眼居然来到了三楼。这挂着粉色窗帘的房间好漂亮，是谁住的呢？我从门缝中挤进去，躲进了一个针线篮里。我太累了，这么柔软的针线篮简直是温暖的吊床啊！老天保佑，让我睡个好觉吧！我沉沉地睡去……再次醒来的时候，一个漂亮的女人正盯着我瞧，她还挺着一个大肚子。女人一直温柔地看着我，还朝我微笑，那笑容就像一束阳光照进我的心里。她没有打我，也没有骂我，更没有赶我走，我发誓要报答她。当我知道她没有毛线织婴儿的毛毯时，我决心为她织一条世界上最漂亮的毯子。

我不停地织啊织，除了又细又密的线，我还往毯子里织进了香气迷人的细松枝、古老的摇篮曲、快乐的雪花……在织毯子的最后一角时，我听到了宝宝诞生的啼哭声。那一刻，我把我的心也织了进去，这是我最后的杰作，也是我献给恩人最好的礼物。我的内心洋溢着快乐和温暖，沉沉地睡了过去……

调"蜂"离"屋"计

韩佳欣

"嗡嗡嗡……"什么声音？一向警觉的我马上开始搜索这声音的来源，没多久，便将目光落在了冰箱上的那只小虫上：黑色的身子，细细的腰，是只大马蜂！

怎么办呢？我急得像被人捉住的小虫，一路大叫着冲向卧室，把毯子披在身上，又找来红领巾蒙住脸，只露出眼睛和额头。我正想把门严严实实地关上，可又想：我平时不是自称"女英雄"吗，怎么怕起小小的马蜂来了？于是，我左手拿一张硬卡纸做盾牌，右手拿一把鹅毛扇做武器，在房间里大喊大叫地"彩排"了一会儿，才怀着恐惧、紧张又好奇的心情"步入战场"。

我"埋伏"在茶几旁"静候敌情"。过了一会儿，马蜂来了！我紧张得像面对着一份非常难的考卷，心都快跳出来了。我用"盾牌"挡住比较容易被马蜂"袭击"的皮肤，并尽量将手臂缩进身上的毯子里。没想到，马蜂竟然撤退了！这马蜂也真精明！

我料定敌人还会折返，便耐心等候。果然，马蜂又来攻击了！我将身体缩紧一些，监视马蜂。没想到马蜂故技重演，在客厅里绕了一个大大的"8"字后，又回到冰箱上去了，气杀我也！

大约过了两分钟，马蜂又来了。我心想，哼，你还想耍我，没门儿！没想到马蜂似乎看出了我的心思，这次居然和我玩真的了！它迎面朝我飞来，我敏捷地低头躲过，马上转过身，用盾牌挡着马蜂，将马蜂引到了阳台上。我拉开纱窗，假装要冲出去，马蜂抢先一步，飞到了窗外，这正合我的心意，哈哈哈！我猛地一下关上了纱窗，马蜂进不来啦！

同学们，你们说，我这个"调'蜂'离'屋'计"用得妙不妙？呵呵，总比"浴血奋战"好吧……

大锅子，小童心

许彬清

大姑姑家里有两口黑乎乎的大锅子。小时候，我经常在大姑姑家帮忙烧火，每次我都屁颠屁颠地跑到灶膛前，开心地坐下来，一边添柴火，一边拉风箱。灶膛里的火可旺了！火苗就像一个个音符，跳跃着，奔跑着……看着看着，我不禁被迷住了，双眼死死地盯着火苗，双手无意识地拉着风箱，双耳听着菜倒进油锅里发出"噼里啪啦"的悦耳声响，鼻子嗅着飘来的阵阵香味，嘴里哈喇子都快流下来了……慢慢地，慢慢地，我拉风箱的手越拉越快。"噗——"火苗从灶膛里"飞"了出来，裹挟着烟灰直向我扑来，我来不及闪躲，忍不住哇哇大叫。大姑姑闻声赶来，看到像一块黑炭的我，哈哈大笑："瞧你……瞧你这只黑猪，都快变成黑炭了，快起来，洗个澡去！"

我被带到另一口大锅子旁，大姑姑对我说："这叫浴锅，快进去洗澡吧！"我乖乖地爬了进去，用脚试了一下水，还是温的呢，便一屁股坐了下去。顿时，屁股像被火烧了一样，我直叫痛，猛地一跳，差点撞到天花板上去。大姑姑笑眯眯地看了看我，给了我一块小木板说："用这个垫着屁股。"说完就走了。我慢慢地洗着黑得像一块煤炭的脸，叹了口气，摸了摸还在隐隐作痛的屁股。

"扑哧——"我又听见了拉风箱的声音，就偷偷地往外面看了看，可怕的一幕就在眼前——大姑姑竟然在浴锅下面烧柴火！我失声叫道："哇！杀……杀人啦！救……命哇……"哭声引来了妈妈，她用不解的眼神看了我一眼，我赶忙用颤抖的手指了指还在烧柴火的姑姑。妈妈笑着说："大姑姑是在帮你把水加热呢！"我这才惊魂甫定，看了看妈妈，又看了看大姑姑，破涕为笑……

温暖的红风衣

王美苏

秋天一到，大树换上了黄色的衣装。一个女孩儿欣喜地穿上新买的红风衣，她对这件风衣情有独钟。

那是一个秋风沉醉的晚上，在灯光温暖的注视下，女孩儿在书桌前静静地写作业。一会儿，房门悄悄地开了，挂在门上的风铃唱起了美妙的歌。女孩儿抬起头，向门外望去，哦，妈妈回来了，站在门口，笑眯眯地看着女孩儿，手里拿着一件红色的风衣。女孩儿看了看身上的羊毛衫，很不解："妈妈，有什么事吗？"

"宝贝，看看，这是什么？"妈妈挥舞着手里的红风衣，目光中交织着宠溺与期待。

"难道是给我买的新衣服？"女孩儿打量着衣服的款式，觉得稍稍肥大了些，有些不悦，不过没写在脸上。

"回答正确！"妈妈喜滋滋地进来，把衣服套在女孩儿身上，没怎么端详，转身去厨房忙活了，因为快到饭点了。

妈妈刚出了女孩的闺房，女孩儿就把衣服塞进了衣橱。接下来一连几天都没穿。

放假了，几个好朋友邀女孩儿逛街，她们来到了一家少女服装店。女孩儿在里面挑挑选选时发现了一件和妈妈买给她的一模一样的红风衣。服务员对女孩儿说："前几天，有一位留短发的中年母亲在这里挑选了半天，才选中这一款风衣，还问我们适不适合做十二岁女孩儿的生日礼物。"

女孩儿鼻子立刻酸了起来，服务员说的人就是她妈妈啊。买一件简单的风衣，妈妈竟然费了半天的心思！她立即告别了同学，坐上出租车回家了。

回到家，她发现妈妈正在整理衣服。妈妈看了看女孩儿笑着说："是不是那件风衣不好看？我马上重新买一件，你的衣服也小了很多，现在正在长个子……""不用了。"女孩儿打断妈妈的话，"那件红风衣很好。"说完，她捂着微烫的脸回房间了。

一场秋雨过后，天气转凉了。女孩儿穿着妈妈给她买的红风衣去上学。好朋友们一见女孩儿就围了过来，像麻雀似的叽叽喳喳："这衣服不是我们那天在服装店看到的吗？""你当时不是没买吗？""真漂亮呀，谁给你买的？"面对她们的问题，女孩儿一笑而过。

那件红风衣让女孩儿觉得暖身暖心，将陪伴女孩儿度过一段美好的时光，爱美的女孩儿终于明白了母亲的心。那个女孩儿，就是我。

我和姐姐比孝顺

戴春霞

　　我学习成绩好，脑子又聪明，参加作文竞赛、数学竞赛、科技竞赛常常拿奖。可想不到暑假在家和姐姐比孝顺，我却输了。现在想起来，仍觉得特别惭愧。

　　那天我和姐姐请来爸爸做裁判，比比谁更孝顺。比赛前，爸爸告诫我和姐姐："孝顺不是一时半会儿的事，要持之以恒，要从心开始。"我和姐姐都点头表示理解。

　　第一题——我和姐姐去给奶奶买一件礼物，看谁的礼物更能表达自己的孝心。买礼物，这还不简单！我直奔服装店，想给奶奶买件衣服。进了服装店才发现，原来我根本不知道奶奶穿多大的衣服。要是买回去大了或小了，不就输了吗？有了，我灵机一动，买帽子，这可是不分大小的。挑选了一顶太阳帽后，我兴高采烈地回家了。拿出礼物一比较，姐姐买的是一副老花镜，原来奶奶的老花镜的镜腿前几天摔坏了，看报、看电视、做针线活儿都不方便，姐姐就急奶奶之所急，买了眼镜。爸爸说："小霞，其实你姑妈刚给奶奶买过帽子，你又买，作用就不怎么大了。所以……""等等！"我大叫，"爸爸，我买了这顶帽子奶奶可以换着戴啊，怎么能说我输呢？"爸爸看了看我，说："就知道你不服气。好，只要你能说出你奶奶戴多少度的老花镜，第一题就算是平局。"我一下子傻了，目瞪口呆。爸爸接着说："第一题姐姐胜了，因为她买的老花镜奶奶正需要，而且正好是二百度的。"

第二题——我和姐姐各为奶奶做一件事，要让奶奶开心，表达自己对奶奶的关心。我一听就乐了，这还不好办！我可是班上的文艺委员，到敬老院去慰问孤寡老人时，我既当主持人，又表演唱歌、舞蹈，老人们看得可高兴了。于是，我不等姐姐表态，就抢先表演了歌舞，还讲了个笑话，奶奶看了直夸我多才多艺。轮到姐姐了，她挽起袖子，端来脸盆，拿来洗发膏，开始帮奶奶洗头。洗好头，又拿来电吹风和梳子帮奶奶吹干并梳好。奶奶乐得满脸的皱纹都舒展开来，直夸姐姐孝顺懂事。爸爸看了看我，说："小霞，孝顺就是为老人们做实在的事，不要搞花架子。懂吗？"

就这样，我和姐姐比孝顺比输了。不过，我却感觉自己长大了，懂得了很多。以后，我会和奶奶多聊聊天，多关心奶奶。还有，去敬老院慰问孤寡老人，除了带点儿小礼品，还要陪老人们说说话，帮他们叠叠被子、扫扫地。这样，我就是真有孝心了！

无眉大侠的前世今生

爸妈爱"家庭暴力"

傅晓雯

爸妈吵架本来是件让人头疼的事，可在我家即便发生争执，也是以欢笑收尾的……

瞧，老妈前脚才跨出门，老爸后脚就已经进入"状态"——沉迷于足球赛中，与之前殷勤的模样截然不同。看来老妈的嘱咐他必定已置于脑后了。

"轰隆隆——"眼看天就要下雨了。那老爸……为了待会儿不发生"家庭暴力"，我就提醒一下吧："老爸，衣服……""不要紧，等下雨了你再喊我也不迟！"老爸目不转睛地盯着电视机屏幕，心不在焉地说。

哼，态度这么不端正，亏我还好心想帮你，不理你了！"哗啦啦……"大颗雨珠落了下来，晾晒在阳台上的衣服转眼就变成了"落汤衣"。老爸呢，还在一旁悠然自得地看着电视。

妈妈回来了，立马发现了那些可怜的"落汤衣"，再看看正"专心致志"的某人，脸色越来越难看。她一个箭步冲上前，关掉电视机，充分发挥"河东狮吼"的威力："你收衣服了吗？"爸爸这才回过神来："哎呀！夫人息怒，我立马去收！""站住！都淋湿了你才想起来收！这老半天你都在干什么？"老妈很生气，后果很严重！"淋湿了？怎么会淋湿？我怎么不知道？"爸爸一脸"无辜"地问。

　　妈妈面对嬉皮笑脸的爸爸，只好采取实际行动——"家庭暴力"真的上演了！妈妈操起拖鞋，作势向爸爸"攻击"。爸爸撒腿就跑，时不时停下来调侃："来抓我啊！快来啊！哈哈！抓不到我！"俨然一副"大小孩儿"的样子。妈妈被逗笑了，也"玩"了起来："别跑！你这老顽童！"

　　两个身影穿梭于屋子的各个角落。对了！我差点儿忘了！——"爸爸妈妈！衣服……""嗯？"妈妈的声音，很愤怒……

无眉大侠的前世今生

老爸有道拿手菜

张哲禹

老爸是我家的专职厨师，烧的菜可以和五星级酒店的大厨师相媲美，特别是他烧的红烧鱼，那味道只能用四个字来形容，就是"人间美味"！

有一次，我放学回家，一进门，从厨房飘出的香喷喷的味道就像一只无形的大手拽着我的衣服，诱惑着我。我甩下书包直奔餐厅，因为我知道，有红烧鱼吃了！果然，没多久，爸爸就端着盘子出来了，看到的是一手拿着勺子、一手拿着筷子、满脸堆笑的我。他惊讶极了，随后温和地说："请注意形象！"哼，我才不管什么形象呢！还是先下手为强。于是我以迅雷不及掩耳之势夹了两块鱼肚子，啊！那鱼肉的样子超出了我的想象，虽然外表是深褐色的，但在它难看的外表下却有像牛奶一样迷人的乳白色嫩肉，味道是甜中带点儿辣，辣中带点儿酸，连飘起来的热气中都带有一点儿幽幽的香味。我连忙咬下一口，嫩嫩的、软软的鱼肉裹在鲜美的汤汁中，立刻征服了我的味蕾。我一边吃着肉，一边含糊不清地说："老爸，太好吃了！"爸爸的脸上露出了微笑，说："那是！我心情好的时候，连烧出的鱼也很高兴它能被烧得这么好！"我立刻无语，随后又问："爸爸，怎么烧的？"

爸爸立刻娓娓道来："首先，将油倒在锅内，烧到七八成热时，放入一些葱段和姜片炸一会儿，然后放入洗好的鱼，加一点儿黄酒、白糖，让味道好一点儿、鲜一点儿，还可以通过酱油来为鱼上色，再加入一些清水，加盖烧沸，移小火焖透二三十分钟，再用旺火烧稠汤汁，拣去小部分姜片和葱，过一会儿把鱼放到盘中，这道菜就完成了！怎么样？"

听了爸爸的介绍，我的口水不争气地流了下来。你们也动心了吗？快点儿告诉我，我请你们吃，免费哦！

"钉子户"大战"拆迁队"

张　骁

在我家，每个周末都会上演"钉子户"大战"拆迁队"的精彩一幕。不信？我这就让你见识一下。

NO.1　首战大败

今天是星期六，终于可以睡懒觉了！但当我睡觉的时候，"暴力拆迁队"——老爸，来"拆"我的"豪华别墅"了！不过，我作为一个专业"钉子户"（只是年龄小了点儿），怎么能让"拆迁队"这么轻易地就"拆"走我的"豪华别墅"呢？所以，我继续装睡。

"暴力拆迁队"见"钉子户"不肯乖乖地让他"拆迁"，就采取"暴力措施"——掀被窝！我把头缩到被窝里，两只手死死地抓住被角不放，简直成了一只遇到危险的乌龟。"暴力拆迁队"见我这个"钉子户"如此难缠，只能离开了。可是，过了一会儿，"温柔拆迁队"来了。

哦，我忘了给你们介绍，我家的"拆迁队"可不止一个"暴力拆迁队"，还有一个"温柔拆迁队"呢！这个"温柔拆迁队"是谁呢？她就是——我的老妈！

"温柔拆迁队"见我不肯起床，就采取"温柔措施"——食物诱惑！"宝贝，你要是起床，我中午给你做涮羊肉哦！"Oh! My God! 完蛋了！涮羊肉是我最爱吃的啊！前两分钟，我还能拼命克制涮羊肉的渴望，可没过一会儿，我的枕头就被"哈喇子"打湿了。我只得乖乖投降，接受首战大败的命运了。

NO.2 大获全胜

星期天，我决定重整旗鼓，再战一次。

八点，那只该死的闹钟又响了起来。唉，周末也不让人睡个懒觉！我决定，把"钉子户"的战斗精神发扬到底。不一会儿，"暴力拆迁队"又来"拆迁"了。不过，"暴力措施"改变了，变成了——盖被子！老爸把他和老妈的被子都"关照"到我身上。现在正值夏天，盖这么厚的被子怎么受得了？过不了三分钟，我身上就得给捂出痱子来。可恶的老爸，我到底是不是他的亲生儿子啊！但我也不是吃素的，我撅起我那青春无敌销魂小屁股，用力地上下扇动，顿时传来一丝丝凉风。"暴力拆迁队"的招数轻易地就被我化解了。

可是，"温柔拆迁队"又如约登场了。"宝贝，我在超市看到一款最新型的变形金刚，超大超威猛，是大黄蜂哦。你如果在两分钟之内起床，咱们就去shopping。"大黄蜂！我的最爱！这时，我的意志简直要坚持不住了。不过，心底有个声音告诉我："坚持就是胜利，为了'睡觉权'，一定要顶住！"最后，我的努力和坚持终于取得了胜利，"温柔拆迁队"无奈地撤退了。

哈哈！这次，我大获全胜！